名場面の英語で味わう
イギリス小説の傑作
英文読解力をみがく10講

斎藤兆史　　髙橋和子
Saito Yoshifumi　　Takahashi Kazuko

NHK出版

はじめに

　本書は、傑作イギリス小説の原文を味わいながら英語を勉強するための学習書です。作品と場面の選択に当たっては、2010年にNHKの教育テレビで放送（2012年に再放送）された『聴く読むわかる！英文学の名作名場面』のテキストを下敷きにして取捨選択を重ね、新たに取り扱う作品も加え最終的に10作品の中の名場面を選び出しました。作品選択の基準としては、イギリス小説として評価が定着していること、英語学習に用いる素材にふさわしい良質な英語で書かれていること、さらに本書をきっかけとして英文学に興味を持った読者にとって原書が入手しやすく、また読みやすいこと、などを考慮しました。

　英語学習者が高度な英語力を身につけようとする場合、効果的な勉強法の一つが英語文学の精読です。これは、正統的な日本の英語学習法ですが、昭和後期以降、日本人の英会話能力が貧弱なのは英文学の訳読などをしてきたからであるとの誤解が広まり、一時は英語教育の現場でも自宅学習においても、実践されることが少なくなっていたようです。最近、英文解釈関係の著作の出版や復刊が相次いでいるのは、英語教材としての英文学の価値が正当に見直されてきたことの証であると考えられます。

　本書では、英文学作品の中でも、とくにイギリス小説を教材に選びまし

た。一つの理由としては、われわれ共著者二人がもっぱらイギリス小説を読むことで英語を勉強し、その教材としての価値を実感しているからです。また、これはかならずしもイギリスの小説である必要はありませんが、昨今注目されている「実践的コミュニケーション能力」を育てるのに有効な教材だからです。英語による「実践的コミュニケーション」というと自己紹介や道案内の場面を思い浮かべる人が多いかもしれませんが、私たちは日常生活の中で始終自己紹介をしているわけでも、道案内をしているわけでもありません。日常的な会話のかなりの部分が、昨日何をしたとか、誰に何かを言われて嬉しかったとか、悲しかったといった、広い意味での「物語（ナラティブ）」であり、小説と基本的に同じ構造をしています。また、さらに大きな理由としては、本書で扱う作品が理屈なしに面白いことが挙げられます。英語学習をきっかけとして、イギリス小説の面白さ、さらに英文学の奥深さを知っていただければ幸いです。

　本書は10章構成になっており、作品は出版年代順に並んでいます。第1章から順番に読むことによって、19世紀初頭から20世紀後期までのイギリス小説の流れを大まかにつかんだ上で精読を進めることができますが、実際にはどの章からお読みいただいても構いません。それぞれの章のはじめには、見出しに続いて作家と作品紹介がありますので、その章で取り上

げる傑作の著者について勉強してください。次に全体のあらすじと名場面に関する説明をつけておきましたので、これから読む名場面がどのような物語のどのような部分なのかを把握できます。それが済んだら、さっそく名場面の読解に入ります。

　学習者の英語力に応じていろいろな勉強法がありますが、ここからは、本書が想定している学習の手順を説明しておきましょう。まずは日本語訳を読み、場面の大まかな流れを理解します。いよいよ原文の読解に取りかかります。大まかな内容理解を手がかりにして、一文一文精読しましょう。わかりづらい語句には、原文のあとに語注をつけておきましたので、適宜参考にしてください。文法的に難しい箇所は、「語法・文法解説」のところで説明をしておきました。自分の理解が正しかったかどうかを確認してください。ひと通り読解が終わったら、名文句の味読です。傑作中の名場面において、その名文句がどのような役割を果たしているかをじっくりと鑑賞してください。いきなり原文を読んでもある程度理解できる中・上級の学習者は、訳や語注、文法解説を見ないで読解に取り組み、どうしても理解できない部分だけ解説を参考にしていただいてもいいでしょう。その他、音読、単語帳作成、発展的文法学習、本文の表現を応用した作文など、自分なりの学習法も加えてみてください。原文の勉強が済んだら、「コラム」で

息抜きをしていただけると幸いです。

　本書を構成する10章は、共著者二人がそれぞれ分担（斎藤が1、2、5、7、10章を、髙橋が3、4、6、8、9章を担当）することで執筆を進めました。解説の内容には、それぞれの担当者の思い入れが反映されている部分があるかもしれません。ただし、「語法・文法解説」については、担当者によって説明の手順や用語が異なってはまずいので、斎藤が確認と統一を行いました。

　最後に、NHK出版の加納展子さんと井上開さんにお礼を申し上げます。企画の段階から書籍の完成に至るまで、本当にお世話になりました。編集作業を迅速に進めてくださったことはもちろん、本書の理念、作品の選定、解説の手順や内容についても多くの建設的な意見を頂戴しました。お二人には、心からの感謝を申し述べます。また、カズオ・イシグロ研究者である北海学園大学の森川慎也氏には、イシグロの英語の文法に関するご教示をいただきました。この場を借りてお礼申し上げます。

　本書が読者の英語学習の一助となることを心から願っています。

斎藤兆史

目次

各章の構成

本書の各章は、各作品について豊富な解説とともに「原文で小説を読む楽しさ」をじっくりと味わっていただけるように、以下のような構成をとっています。

❦ 作家と作品

作家の生い立ちや主要作品、また本書で取り上げる作品が生まれた背景などを紹介しています。

❦ 全体のあらすじと名場面

作品全体と名場面のあらすじをまとめています。これからどのような作品のどのような部分を読んでいくのか確認しましょう。

❦ 名場面－和訳

名場面の日本語訳を先に読み、大まかな流れを理解していただくことができます。中・上級者の方やいきなり原文を読んでみたいという方は、飛ばしていただいても構いません。

❦ 名場面－原文

名場面の原文を語注とともに読んでいきましょう。読解に注意の必要な箇所は下線を付していますので、「語法・文法解説」で確認しましょう。

❦ 名場面－語法・文法解説

名場面の読解において重要なポイントを丁寧に解説してあります。名場面をより深く理解するために、原文とあわせて読みこんでください。

❦ 名場面－名文句

名場面に登場する名文句を取り上げています。名文句がどのような役割を果たしているかをじっくりと鑑賞してください。

❦ コラム

最後に作品に関する著者の体験も交えたコラムで一息つきましょう。

「作家と作品」に掲載している書影は、「名場面 原文」の底本とは異なる場合があります。

Lesson 1

Lesson 2
Lesson 3
Lesson 4
Lesson 5
Lesson 6
Lesson 7
Lesson 8
Lesson 9
Lesson 10

Lesson
1

ジェイン・オースティン

『高慢と偏見』

Jane Austen

Pride and Prejudice

It is a truth universally acknowledged, that a single man in possession of a good fortune, must be in want of a wife.

あまねく認められている真理として、
資産家たる独身男性には妻が必要である。

ジェイン・オースティン

『高慢と偏見』(1813年)

Jane Austen

Pride and Prejudice

PENGUIN CLASSICS

イギリス小説の「偉大なる伝統」の中心に位置するオースティンの小説は、男女の恋愛と結婚に関する時代の価値観を色濃く反映しながらも、決して色あせることのない普遍的で豊かな人間模様を見せてくれます。いまだにドラマや映画の題材となる作家の最高傑作を見てみましょう。

ジェイン・オースティン (1775-1817) は、1775年12月16日にイングランド南部のハンプシャー州スティーヴントンの牧師館で生まれました。姉のカッサンドラと一緒に学校で学んだ幼少期を除き、彼女はもっぱら家族との交わりと自宅での読書によって教養を身につけました。一家はやがてローマ風呂の遺跡で有名なバース、それからサウサンプトン、さらにハンプシャー州のチョートンへと居を移しました。

オースティンはすでに10代から詩や物語を書いていましたが、はじめて手がけた長編小説は『エリナとマリアン』(*Elinor and Marianne*) で、これはのちに1811年に『分別と多感』(*Sense and Sensibility*) として出版されました。それぞれ「分別」(sense) と「多感」(sensibility；オースティンの時

代には 'sensible' が現在の 'sensitive' に近い意味で用いられていたことに注意）を象徴する、対照的な性格の姉妹の恋愛と結婚を中心的な主題とする小説で、1995年には映画化（邦題『いつか晴れた日に』）されて話題になりました。二作目が今回の名場面の出典となる小説で、当初『第一印象』（*First Impressions*）として出版されていましたが、1813年に『高慢と偏見』として出版されました。彼女が生前に発表したのは、上記の二作に加え、名家の養女となった娘の精神的苦闘と恋愛を描く『マンスフィールド荘園』（*Mansfield Park*, 1814）と、友人の結婚の世話を焼く主人公が自らの恋愛に目覚める物語『エマ』（*Emma*, 1816）の二作です。ゴシック小説のパロディとも言える『ノーサンガー寺院』（*Northanger Abbey*）と、他人の「説得」による婚約破棄を乗り越えて恋人同士が結ばれる物語『説得』（*Persuasion*）の二作は、彼女の死の翌年、1818年に出版されました。女性には結婚することが求められていた時代にあって、彼女は生涯独身を貫きました。

　その作品のほとんどが恋愛と結婚にまつわる当時の価値観を色濃く反映しているにもかかわらず、オースティンは、人間の普遍的な心理や他人との関係性を絶妙な筆致で描き出しており、イギリス国内外で高い評価を得てきました。F・R・リーヴィスというイギリスの批評家は、その著書『偉大なる伝統』（*The Great Tradition*, 1948）の冒頭で、イギリス小説の伝統の中心に位置する作家としてオースティン、ジョージ・エリオット、ヘンリー・ジェイムズ、ジョウゼフ・コンラッドの四人の名を挙げ、その中でもオースティンを別格と位置づけています。彼女の作品は何度もドラマ化、映画化され、さらにはその作品をモチーフとした小説も映画化されています。カレン・ジョイ・ファウラーの『ジェイン・オースティンの読書会』（*The Jane Austen Book Club*, 2004）に基づく同名の映画は、2007年に公開されました。読書会に参加する人物たちの私生活とオースティン作品の世

界が二重写しとなっており、原作を知っているとより楽しめる映画です。

　同じように、原作を知っているとより深く理解できる小説に、ヘレン・フィールディングの『ブリジット・ジョーンズの日記』(*Bridget Jones's Diary*, 1996) があります。本作は『高慢と偏見』のパロディで、2001年に映画化されて大ヒットしました。この映画の中に、ブリジットの語りの声で It's a truth universally acknowledged that the moment one area of your life starts going okay, another part of it falls spectacularly to pieces. 「あまねく認められている真理として、生活の一部がうまく行きはじめると、ほかの部分がとんでもなくガタガタになるものだ」という文が発せられる場面があります。この文の出だしを聞いたとたん、ほとんどのイギリス人は『高慢と偏見』を思い浮かべるはずです。ちょうど私たち日本人が「(国境の長い) トンネルを抜けると…」と聞けば川端康成の『雪国』を思い出すのと同じです。せっかく英語を学ぶなら、英語話者のコミュニケーションの前提となっている教養も身につけたいものです。

全体のあらすじと名場面

　地方の地主ベネット家の近くの屋敷に、ある日ビングリーという若い資産家が引っ越してきます。五人娘の良縁を願うベネット夫人は、何とかこの青年が娘の誰かを見初めて、最終的にはめとってくれないかと考えます。近所付き合いが始まってみると、このビングリーがなかなかの好青年で、ベネット家の長女ジェインに好意を寄せている様子。ところが、彼の友人

で、貴族を叔母に持つフィッツウィリアム・ダーシーなる青年は、一見して高慢ちきで愛想が悪い。ベネット家の次女エリザベスは彼を毛嫌いします。あるとき、ベネット一家は近くに駐屯する軍隊の将校たちと知り合う機会があり、エリザベスはそのうちの一人ウィッカムからダーシーの悪口を聞かされます。自分の父親はダーシー家に仕えた執事であり、自分も遺産を相続できるはずが、ダーシーに阻まれたというのです。またあるとき、ビングリーが何の前触れもなく、いきなりロンドンに帰ってしまいます。これにもダーシーが絡んでいるらしい。エリザベスはますます彼が嫌いになります。そんな中、彼女はダーシーから求婚されます。

　まさに青天の霹靂であり、彼女はそれを拒みますが、直後にダーシーから届いた手紙を読み、またある旅行の途中で訪れた彼の邸宅で見聞したことを吟味するうち、彼に対する自分の偏見に気づきはじめます。あるとき、ベネット家の末娘のリディアとウィッカムが駆け落ちをするという事件が起こりますが、それを二人の正式な結婚という形で解決したダーシーに惹かれるようになります。そしてエリザベスは、ダーシーの叔母の反対を押し切って彼の求婚を受け入れ、ビングリーとジェイン、ダーシーとエリザベスの二組の男女の結婚が実現します。

❧ 名場面 ❧

　引用箇所は、青年資産家(＝ビングリー)が越してくることを知ったベネット夫人が、青年が娘の誰かの結婚相手になるかもしれないと期待し、彼のもとを訪れるよう夫をけしかけている、作品冒頭の場面です。

あ　まねく認められている真理として、資産家たる独身男性には妻が必要である。

　そのような男性がある地域に最初に入り込む際に何を感じ、何を考えているかはほとんどわからないとしても、この真理が周りの家族の頭にしっかりと刻み込まれているため、男性は娘の誰かの正当な財産と見なされるのだ。

　「ねえ、あなた」と、ある日、夫人はベネット氏に言った。「ついにネザフィールド邸の借り手がついたんですってね」

　ベネット氏は知らないと答えた。

　「でも、そうなのよ」と夫人は返した。「だって、さっきロングさんがいらっしゃって、詳しく教えてくれたんですもの」

　ベネット氏は答えなかった。

　「借り手が誰か、お知りになりたくないの？」夫人がじれったそうに叫んだ。

　「話したいんだったら、聞いてもいいよ」

　これだけで、誘いとしては十分である。

　「それがあなた、聞いて、ロングさんによれば、ネザフィールド邸を借りることになったのはイングランドの北のほうから来た若い人で、莫大な資産を持っているんですって。月曜日に四頭立ての馬車に乗ってそこを見に来て、とても気に入ったので、すぐにモリスさんと契約を交わしたそうよ。ミカエル祭前に住むつもりで、何人かの使用人は、来週末までには屋敷に来るっていうじゃない」

「その人の名は？」

「ビングリー」

「結婚しているのか、独身なのか？」

「まあ！　あなた、独身に決まってるじゃない！　独身の大資産家！
一年に四、五千ポンドの収入があるのよ。うちの娘たちも運がいいわ！」

「どうして？　うちの娘たちとどういう関係があるんだい？」

「まあ、あなた」と妻は答えた。「どうしてこう鈍いんでしょう！　うち
の娘と結婚してくれればいいと思っているんですよ」

「そういう目的で引っ越してくるのかい？」

「そういう目的ですって！　まさか、どうしてそういうことをおっしゃる
のかしら！　だけど、うちの娘の誰かと恋仲になることだって大いに考え
られるじゃない。だから、その方が来たらすぐに会いに行ってくださいな」

「きっかけがないよ。お前が娘たちと一緒に出かけていったらどうだい。
娘たちだけ行かせてもいいがね。そのほうがいいだろうさ。だって、お前
は娘たちに負けず劣らず器量がいいから、ビングリーさんがお前のことを
一番気に入ることがあるかもしれないよ」

「まあ、嬉しいことを言ってくれるのね。たしかに昔は私もきれいだった
けど、さすがにもう見栄えはしないわ。年頃の娘が五人もいたら、女は自
分の見かけなど気にしてはいられませんもの」

「気にするほどの見かけじゃない場合もあるだろうさ」

「ともかく、あなた、ビングリーさんが引っ越してきたら、ぜひ会いに
行ってくださいな」

（第1章）

下線部に気をつけながら読みましょう。

It is a truth universally acknowledged, that a single man in possession of a good fortune, must be in want of a wife.

However little known the feelings or views **[1]** of such a man may be on his first entering a neighbourhood, this truth is so well fixed in the minds of the surrounding families, that he is considered as the rightful property of some one or other of their daughters.

'My dear Mr Bennet,' said his lady to him one day, 'have **[2]** you heard that Netherfield Park is let at last?'

Mr Bennet replied that he had not.

'But it is,' returned she; 'for Mrs Long has just been here, **[3]** and she told me all about it.'

Mr Bennet made no answer.

'Do not you want to know who has taken it?' cried his wife impatiently.

'*You* want to tell me, and I have no objection to hearing it.'

This was invitation enough.

Words & Phrases

universally: 普遍的に、あまねく、一般的に

acknowledged: 「認める、認識する」の意の動詞 acknowledge の過去分詞形

in possession of ...: 「(人などが) …を所有している」。in the possession of ... と定冠詞 the が入ると、「(ものや財産などが) …の所有で」という意味になることに注意

rightful: 正当な   **property:** 財産

let: 「貸す」の意の動詞 let の過去分詞形。let-let-let の不規則変化に注意

taken: 「(家を) 借りる」の意の動詞 take の過去分詞形

impatiently: もどかしそうに、いらいらして   **objection:** 反対、異議

'Why, my dear, you must know, Mrs Long says that Netherfield is taken by a young man of large fortune from the north of England; that he came down on Monday in a chaise and four to see the place, and was so much delighted with it that he agreed with Mr Morris immediately; that he is to take possession before Michaelmas, and some of his servants are to be in the house by the end of next week.'

'What is his name?'

'Bingley.'

'Is he married or single?'

'Oh! single, my dear, to be sure! A single man of large fortune; four or five thousand a year. What a fine thing for our girls!'

'How so? how can it affect them?'

'My dear Mr Bennet,' replied his wife, 'how can you be so tiresome! You must know that I am thinking of his marrying one of them.'

'Is that his design in settling here?'

---

why: 「ほら、まあ」。ここでは「なぜ」の意の疑問詞ではなく、間投詞
a chaise and four: 四頭立て馬車　**take possession:** 占有する
Michaelmas: 「聖ミカエル祭」。大天使ミカエルを祝う祭り。9月29日に行われる
to be sure: なるほど、たしかに、もちろん
a year: 「一年につき」。ここでのaは、per ...「…あたり」の意
affect: 影響を及ぼす、作用する　**tiresome:** 退屈な、いらいらさせる
design: 意図、目的、計画
settling: 「(ある場所に) 落ち着く」の意の動詞settleの動名詞形

'Design! nonsense, how can you talk so! But it is very likely that he *may* fall in love with one of them, and therefore you must visit him as soon as he comes.'

'I see no occasion for that. You and the girls may go, or you may send them by themselves, which perhaps will be still better, for as you are as handsome as any of them, Mr Bingley might like you the best of the party.'

'My dear, you flatter me. I certainly *have* had my share of beauty, but I do not pretend to be any thing extraordinary now. When a woman has five grown up daughters, she ought to give over thinking of her own beauty.'

'In such cases, a woman has not often much beauty to think of.'

'But, my dear, you must indeed go and see Mr Bingley when he comes into the neighbourhood.'

(Chapter 1)

Words & Phrases

occasion: 機会、きっかけ

by themselves: 「彼女たちだけで」。by oneselfは「独り（ぼっち）で」の意。for oneself「独力で」との違いに注意

still: 「さらに、いっそう」の意の副詞。次のbetterにかかる

handsome: 「目鼻立ちの整った、美しい」。カタカナ英語の「ハンサム」は、もっぱら男性について用いられる形容だが、英語では男女どちらについても用いる

party: 「一行」。カタカナ英語ではもっぱら「宴会」の意味で用いられるが、もとの英語にはほかにも「政党」「関係者」など、いろいろな意味があることに注意

flatter: 喜ばせる、ほめる　**give over ...**: …をやめる、捨てる

小説の冒頭部で繰り広げられるベネット夫妻のやり取りを正確に読み解けば、この二人の登場人物の性格のみならず、当時の社会の価値観が見えてきます。

---

1 However little known the feelings or views of such a man may be on his first entering a neighbourhood, this truth is so well fixed in the minds of the surrounding families, that he is considered as the rightful property of some one or other of their daughters.

{ 解説 } 複雑な構文なので、小刻みに説明しましょう。

まず、However … neibourhood までの従属節を理解するためには、**However/ No matter how … A may ~**「いかにAが…でも~」という慣用表現を知っている必要があります。…の部分に入るのは、形容詞（相当語句）か副詞（相当語句）です。さて、本文を見てみると、However little known the feelings or views of such a man「そのような人（資産家）の感情や考えがいかに知られていなくても」という意味であることがわかります。上記の慣用表現に当てはめてみると下記のようになります。

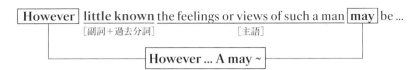

それで、そのような人がいつ抱く感情や考え方かというと、on his first entering a neighbourhood「近所（ある地域）にはじめて入り込むに際して」となります。**on ＋動名詞が「~するとすぐに」、in ＋動名詞が「~しているとき」**の意味になることも確認しておいてください。

さて、this truth 以下が主節です。「この真理」とは、冒頭で述べた「資産

家たる独身男性には妻が必要である」という内容を指していますが、これが本当に「真理」なのかどうかについては、あとで解説しましょう。それで、この主節の核となるのが、いわゆる**「so ... that ~ の構文」**です。「とても…なので~だ」の意味です。以下、本文を図示してみます。

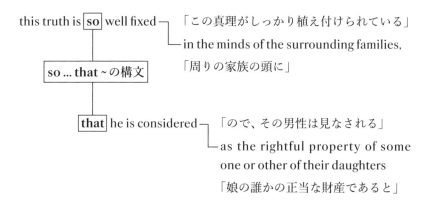

2 **'My dear Mr Bennet,' said his lady to him one day**

{ 解説 } 文の後半部は直接話法の伝達部（節）です。直前の台詞'My dear Mr Bennet,' が目的語に当たる部分で、said と主語his lady が倒置されています。

3 **for Mrs Long has just been here, and she told me all about it.**

{ 解説 } **等位接続詞forの用法**を理解してもらうために、この節を解説しようと思い立ちました。直前のBut it is（= But Netherfield Park is let)「でも（あなたが知らなくても）、ネザフィールド邸の借り手がついた」を受けてこのfor（「というのも」）が現れます。

　この接続詞は、現代英語では文語にしか現れず、口語では従属接続詞のbecauseで代用されることが多いため、二つの接続詞が混同される傾向がありますが、厳密には意味も用法も違います。詳しくはLesson 10の「語法・文法解説」に記しましたので、そちらを参照してください（244ページ）。ここの引用文に戻ると、for以下は「ロング夫人がさっきここに来て、それについて全部話してくれた」の意味ですが、ロング夫人がその話をしてくれたから邸宅の借り手がついたのではなく、借り手がついたという**主張の根拠**がここに示されていることに注意してください。

　もう一つ確認してほしいのは、このforが会話文の中に現れることです。オースティンの時代には日常会話中にも用いられていたことの証拠です。こんな古臭い接続詞を教える学校文法は間違っていると主張する人がいますが、イシグロの小説の地の文章にも現れるのですから、その意味や用法をしっかりと理解しておきたいものです。

4　a young man of large fortune

{ 解説 }「莫大な資産を持った若者」。**of以下が、直前の人物の性質や所有しているものを表します。**

例 a man of great learning　　　「博学な人」
　 a lady of benevolence　　　　「情け深い婦人」

5

that he came down on Monday in a chaise and four to see the place, and was so much delighted with it that he agreed with Mr Morris immediately

{ 解説 }　最初のthatは、その前にあるMrs Long says thatのthatと同じで、ロング夫人が伝えた内容を示す接続詞。また、and was so much 以下は、「(彼は)それ(＝ネザフィールド邸)がとても気に入ったので、すぐにモリス氏と合意した」ということ。「とても…なので〜」の意を表す**「so ... that 〜 の構文」**が使われており、二つ目のthatはその一部です。文脈から見て、モリス氏とは、この屋敷の所有者だと思われます。「合意した」とは、賃貸契約を結んだということです。

6

that he is to take possession before Michaelmas, and some of his servants are to be in the house by the end of next week.

{ 解説 }　最初のthatは **5** で説明したthatと同じで、まだMrs Long saysの内容の説明が続いています。続くhe is to ... と次の節のsome of his servants are to ... では、**予定を表すbe to ...** が用いられています。「…することになっている」の意です。

7 You must know that I am thinking of his marrying one of them.

{ 解説 } You must know は、直訳すれば「あなたは知らなくてはいけない」ですが、ここでは、「**ちゃんとわかってくださいね**」の意です。それで、何をわかってほしがっているかというと、それがthat以下で、これも直訳すれば、「彼（＝ビングリーさん）がうちの娘の誰かと結婚することを私が考えていること」となります。つまり、ベネット氏の質問に答えて、娘をビングリー氏に嫁がせる気でいると主張しているのです。

8 You and the girls may go, or you may send them by themselves, which perhaps will be still better, for as you are as handsome as any of them, Mr Bingley might like you the best of the party.

{ 解説 } ここでのmayは、許可を表す法助動詞で、「**～すればよい**」の意味を表します。節の間のorは「さもなければ」の意。ベネット氏は夫人に対し、娘たちと一緒に夫人自身が行くか、さもなければ娘たちだけを行かせればいい、と提案しています。

コンマに続くwhichは非制限用法の関係代名詞ですが、ここではその直前の節、すなわち you may send them by themselves の部分を受けています。そのほうが「さらによい」と言っているのですが、夫人の提案通りベネット氏が一人で行くことよりも夫人と娘が行くほうがよく、娘たちだけで行くほうがさらによい、という**比較**になっています。

その判断の根拠を示すのが、**3**で解説した等位接続詞forに導かれた次の節です。この節の中にもさらに節が二つあります。理由を示す接続詞のasに導かれたas you are as handsome as any of them「お前は娘たちのいずれとも負けず劣らず見目麗(うるわ)しいから」と、次のMr Bingley might like you the best of the party「ビングリーさんは一行(＝ベネット夫人＋娘たち)の中でお前を一番気に入るかもしれないじゃないか」の二つです。

　娘たちだけで行かせたほうがよい、というのはベネット夫人が一緒に行くと娘たちより目立ってしまうから、という判断をしているわけですね。

9

I certainly *have* had my share of beauty, but I do not pretend to be any thing extraordinary now.

{ 解説 }　等位接続詞のbutでつながれた重文(compound sentence)です。I certainly have had my share of beauty、直訳すれば、「私もたしかに美しさの分け前にあずかっていたこともあった」、すなわち、昔はたしかに美しかったかもしれないが、と言っているのです。ベネット氏のお世辞を真に受けて調子に乗っています。

　でも、と逆接で次につながります。I do not pretend to be any thing (現代英語ではanythingと一語でつづるのが通例) extraordinary now「今となっては、際立っている(＝際立って美しい)ふりをするつもりはない」となります。昔は自分も美人だったけれども、今はとくに際立った美人ではない、と言っているのです。

10 In such cases, a woman has not often much beauty to think of.

{ 解説 } 「年頃の娘が五人もいたら、女は自分の見かけなど気にしてはいられませんもの」という直前のベネット夫人の言葉を受けての台詞です。In such cases「そのような場合」とは、年頃の娘が五人もいるような場合、ということです。そのような場合、a woman has not often much beauty（現代英語ではa woman does not have ... が普通の形ですが、ここでのhasは「持つ」の意味の本動詞です）「大した美を有していないことが多い」、to think of「気にする／考えるほどの」となります。

　このベネット氏の発言は意味深長です。a womanと不定冠詞が使われているので、あくまで一般論として、五人も娘がいるような女性であれば、自分の容姿など気にしていられない、そもそも気にするほどの容姿ではないことも多い、ということを言っているのですが、文脈的には、ベネット氏が「お前は別だけれどね」と言っているようにも聞こえますし、お世辞に気をよくして調子に乗っている夫人に対し、ぼそりと皮肉を言ったとも考えられます。いずれにせよ、次の台詞を見るかぎり、夫人はこのベネット氏の発言を気にしてはいないようです。

It is a truth universally acknowledged, that a single man in possession of a good fortune, must be in want of a wife.

あまねく認められている真理として、
資産家たる独身男性には妻が必要である。

　小説の冒頭からなんとも衝撃的な命題が現れます。資産家の独身男性に妻が必要だというのは、本当に真理なのでしょうか。19世紀の前半、とくに田舎に住む人たちがそのように考えていたことは十分に考えられますが、a truth「真理」とは大袈裟です。おそらくオースティン自身はそのような「真理」を認めていたわけでも信じていたわけでもなく、ベネット夫人のように、資産家の独身男性が引っ越してくることがわかったとたん、彼を婿候補と考える**当時の人々の「常識」を皮肉っている**のです。

　昔、私のイギリスでの指導教員たるロナルド・カーター教授と一緒に、英語文体論をテーマとするシンポジウムに登壇したことがあります。質疑応答の際、聴衆の一人からirony（皮肉）に関する質問が寄せられました。具体的な質問の内容は忘れてしまいましたが、カーター教授はこの冒頭の一文をまずそらんじたのち、文学におけるアイロニーがどのようなものかを説明しました。**イギリス人にとってこの一文がアイロニーの典型例として知られていること**を、改めて確認した瞬間でした。

It is a truth universally acknowledged that ...

　文中の二つのコンマは現代の学校文法では不要なので、これを省いて説明します。冒頭の It は形式主語で、真主語が that 以下の節です。次の例と同じ構造をしています。

例 It is important that he should tell us the truth.

　「彼が本当のことを言ってくれることが大事である」

　また universally は acknowledged を修飾する副詞、acknowledged は a truth を修飾する過去分詞です。

a single man in possession of a good fortune must be in want of a wife

　二つ目のコンマも、先に述べたとおり、現代の学校文法では不要なので、これを省いて説明します。in possession of ... と in want of ... はそれぞれ「…を所有している」、「…を必要としている」の意味です。問題は、法助動詞の must です。ここでは、「…するはずである」を表すのですが、**そもそも法助動詞というのは、語り手の心的態度を表すものですから、It is a truth ...「真理である」という命題とは本来相いれません**。おそらくオースティンは、まるで真理であるかのように「資産家の独身男性なら妻を必要としているはずだ」と信じて疑わない田舎の人たちの思考のありようを、相いれないはずの truth と must を重ねることによって、さらに強く皮肉っているのかもしれません。

オースティンの仕事ぶり

　イングランド南部ハンプシャー州にチョートンという小さな村があります。ジェイン・オースティンが晩年（といっても、30代中頃から40歳過ぎまで）を過ごした村で、彼女が住んでいた家は、今では博物館（Jane Austen's House Museum）として一般に公開されています。私も2010年にここを訪れました。展示されている家具や調度品は実際にオースティンが使っていたもの、あるいはその時代に使われていたものばかりであり、彼女が住んでいた当時の暮らしぶりを彷彿とさせてくれます。彼女がここに住んでいるときに、『高慢と偏見』をはじめ、その代表作のほとんどが出版されたことを思うと、感慨もひとしおです。

　1階の居間の窓際に、オースティンがよく座っていたとされる椅子、そして小さなテーブルがあります。彼女はここで物語を書いていたというのですが、この博物館を訪れた誰しもがそのテーブルの小ささに驚くに違いありません。今ならさしずめコーヒー・テーブルと呼ばれるくらいのサイズで、それこそ二人分のコーヒーか紅茶のカップ、それにお菓子の皿でも置いたら、ほかに何も置く余地がなくなってしまいます。今はテーブルの上に羽根ペンの差さったインク瓶が置かれていますが、ほんのちょっと原稿が触れただけでもインク瓶が落ちて割

れてしまいそうです。いったいこんなところでどうやって執筆を行っ
たのでしょうか。

　さらに面白いのは、オースティンがここに住んでいたときには、家
の玄関からこの居間に至るまでのどこかにキーキーときしむドアが
あったらしく、そのドアがきしんで客人の到来を知らせると、彼女は
慌てて原稿を隠したと言われています。文筆など女性のすることでは
ないと思われていた（であろう）時代の話ですから、原稿を隠したく
なる気持ちはわからないでもありませんが、引き出しもないむき出し
のテーブルのどこに隠すというのでしょうか。原稿をがさがさかき集
めているときに、またしてもインク瓶を落として割ってしまいそうで
す（そこがいやに気になります）。

　そのあと、オースティンの兄エドワードの屋敷であったチョート
ン・ハウス（Chawton House）を訪れ、彼女の執筆の様子が少しだけ
わかったような気がしました。このマナー・ハウス（荘園領主の邸宅）
は、現在、貴重な文献を所蔵するライブラリーを中心として、学会な
どを開催するための多目的学術施設として用いられていますが、その
図書室に、サミュエル・リチャードソンの書簡体小説『サー・チャール
ズ・グランディソン』（*Sir Charles Grandison*, 1753-54）のパロディと

してオースティンが1793年に書いた戯曲（未完）の手書き原稿の一部が保存されています。その紙と文字の小さいこと！　メモ用紙を思わせる大きさの紙に、きれいな筆記体でびっしりと文章が書かれているのです。この戯曲自体は彼女がチョートンに引っ越す前に書いたものですが、小さな紙に小さな文字を書き連ねるのが彼女の執筆スタイルであったとすれば、なるほど、書いているところを人に見られたくない場合にはすぐに隠すことができます。インク瓶を落とすこともありません。

　作家が実際に使っていた家具や文房具、あるいは手書き原稿をじかに目にすると、普段活字で読み慣れた作品が違って見えることがあります。もちろん、それで作品の解釈が変わるとか、作品の新しい意味が生まれるということではありませんが、作家の執筆の苦労がひしひしと伝わってきて、作品そのものがいとおしく思えてくるのです。読者の皆さんも、作家に関係する博物館や記念館を訪れるときには、ぜひ彼らの執筆の様子に思いを馳せていただきたいと思います。

（斎藤兆史）

Lesson 1
Lesson 2
Lesson 3
Lesson 4
Lesson 5
Lesson 6
Lesson 7
Lesson 8
Lesson 9
Lesson 10

Lesson
2

チャールズ・ディケンズ

『オリヴァー・トゥイスト』

Charles Dickens
Oliver Twist

Please, sir, I want some more.

「すいません、おかわりください」

チャールズ・ディケンズ
『オリヴァー・トゥイスト』(1837-39年)

Charles Dickens

Oliver Twist

大英帝国が繁栄を極めたヴィクトリア朝は、一方で新興ブルジョアの支配下での労働者の惨状、青少年犯罪、児童虐待、公共衛生の不備など、さまざまな社会問題を抱えた時代でもありました。
本作にも、そのような問題が色濃く描かれています。

　文学史上もっともすぐれた「文学者」は誰かと問われれば、イギリス人の多くの人がウィリアム・シェイクスピアと答えるでしょう。しかし、もっともすぐれた「小説家」ということになると、チャールズ・ディケンズ (1812-70) の名前を挙げる人が多いのではないでしょうか。

　ディケンズは、1812年にイギリス南部の軍港ポーツマスに生まれました。12歳で工場に働きに出なければならないほど貧しい少年時代を送ったのち、15歳で法律事務所の事務員となり、さらに速記を覚えて裁判や議会討論の様子を伝える記者となりました。彼は仕事のかたわら小品などを寄稿するようになり、24歳のとき、ロンドン庶民の生活や街頭風景を描いた『ボズのスケッチ集』(*Sketches by Boz*, 1836-37) を発表して好評を得ると、一気

に人気作家への道を駆け上がります。そして、月刊あるいは週刊分冊とい
う形で読者に安価で小説を提供しながら、刊行ごとに毎回山場を設定し、
読者の反応をうかがいながら物語を書き進め、流行作家として不動の地位
を築きました。本作は雑誌に連載された小説です。産業革命を原動力とし
て急激に変化する社会の中で虐げられた人々に寄り添いつつ、理不尽な社
会制度を糾弾する若き日のディケンズの正義感が色濃く表現されています。

　代表作をいくつか挙げておきましょう。最初の長編小説『ピクウィッ
ク・クラブ遺文集』(*The Posthumous Papers of the Pickwick Club*, 1837) は、
実業界を引退した裕福な紳士サミュエル・ピクウィック氏率いるピク
ウィック・クラブの面々が旅の途中でさまざまな出来事に遭遇する物語。
全体を貫く筋や主題が明確でなく、エピソードがゆるやかにつながってい
く物語展開は、ディケンズが愛読した18世紀の小説家トバイアス・スモ
レットの小説を思わせます。長編第二作目が、今回の引用文の出典である
『オリヴァー・トゥイスト』です。『クリスマス・キャロル』(*A Christmas
Carol*, 1843) は、守銭奴のスクルージが、クリスマス前夜に現れた三体の
幽霊の導きによって改心する物語で、何度も映画化されています。本作を
下敷きにしたパロディ映画に『3人のゴースト』(1988) があります。ビル・
マーレイが主演をつとめ、この4年前に大ヒットした『ゴーストバスター
ズ』(1984) に続き、お化けものコメディ映画の主演の地位を確立した感が
あります。ところで、この映画の原タイトルは *Scrooged*。『クリスマス・
キャロル』の主人公の名前に、screwed (台無しになった、メチャクチャに
なった) を掛けたものでしょう。

　『デイヴィッド・コパフィールド』(*David Copperfield*, 1849-50) は、主
人公デイヴィッドが誕生してから作家となるまでの波乱万丈の半生を描い
た半自伝的な教養小説 (Bildungsroman：主人公の人間的成長を描いた小

説）。ちなみに、私が卒業論文で扱った小説でもあります。『二都物語』（*A Tale of Two Cities*, 1859）は、フランス革命に材を採った小説で、トマス・カーライルの『フランス革命史』（*The French Revolution : A History,* 1837）の影響を受け、民衆の勝利ではなく、貴族の悲劇としての革命の側面に光を当てています。『大いなる遺産』（*Great Expectations*, 1860-61）もまた、主人公ピップの成長を描いた教養小説。こちらは私の修士論文のテーマでした。ディケンズは、これらの代表作をはじめとする名作を次々に発表し、文豪の地位を不動のものとしました。彼は1870年に死去しましたが、最後の作品『エドウィン・ドルードの謎』（*The Mystery of Edwin Drood*, 1870）は、まさに謎を残したまま未完の小説となりました。

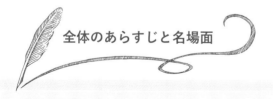

全体のあらすじと名場面

　救貧院（貧困者を収容・救済することを目的として作られた施設）で生活する孤児のオリヴァーは、ある夕食時の出来事をきっかけとして救貧院を追い出され、葬儀業者の店で奉公をすることになります。やがて彼はそこを飛び出し、ロンドンで知り合ったドジャーという少年の紹介で、老ユダヤ人フェイギン率いる少年窃盗団の仲間入りをします。あるとき、ブラウンロウという老紳士から手巾をすり取ろうとしたかどで捕まりますが、無罪であることが判明、逆にブラウンロウの家に引き取られます。オリヴァーを通じて窃盗団の内実が明らかにされることを恐れたフェイギンは、相方ビル・サイクスの愛人ナンシーに命じて彼を誘拐させ、改めて彼に悪

事をしこもうとします。

　ある晩、オリヴァーはサイクスに連れられて大きな屋敷に強盗に入った
ものの、家人にピストルで撃たれて負傷、そのまま屋敷にとどまってその
家の養女ローズの手当てを受けます。ふたたびオリヴァーを失ったフェイ
ギンは、今度はモンクスなる謎の人物と結託して彼を襲う計画を立てます。
しかしオリヴァーに好意を抱くナンシーの密告によって計画は頓挫し、サ
イクスは仲間を裏切った彼女を殺してしまいます。これをきっかけとして
警察が動き出し、物語は急転直下、さまざまな謎や人間関係が解明される
結末に向かってなだれ込んでいきます。サイクスは逃亡の末に死亡、フェ
イギンは逮捕、処刑されます。ローズがオリヴァーの叔母、悪漢モンクス
が義理の兄、そしてオリヴァー自身がブラウンロウの旧友の息子であるこ
とが明らかになり、オリヴァーはブラウンロウの養子となって幸せに暮ら
すことになります。

❈ 名場面 ❈

引用箇所は、孤児のオリヴァーが救貧院から追い出されるきっかけ
となった、ある夕食の場面から採りました。オリヴァーは勇気を持って
お粥の「おかわり」を求めます。

少年たちが食事をする部屋は大きな石造りの食堂で、一方の端にかまどに納められた銅釜があった。食事どきには、給仕用のエプロンをつけた料理長が、一人か二人の手伝いの女と一緒に、そこから柄杓で粥をすくうのである。このありがたい混合物を、少年たちはそれぞれ一椀だけもらうことができる——そして、大きなお祝いがあるようなときには、さらに二オンス四分の一ほどのパンがつくのである。お椀はまったく洗う必要がない。少年たちが一滴も残すまいと匙でこすりにこすってぴかぴかになるからだ。そしてその作業を終えると（匙そのものが椀と同じくらいの大きさなので、いつもそれにたいした時間はかからない）、少年たちは座ったまま、熱い眼差しで煉瓦造りのかまどを見つめている。まるで煉瓦まで食い尽くすかのような形相である。そしてその間にも、指に飛び跳ねた粥のひとしずくたりとも逃すまいと、じつに熱心に指をしゃぶっている。少年たちは、概して食欲旺盛である。オリヴァー・トゥイストと仲間たちは、三か月の間、じわじわと飢えさせられてきた。ついには、空腹のあまりもっと食べたいという気持ちが抑えきれなくなった。そして、一人の少年が物騒なことを仲間にほのめかすことになった。年のわりに大きな少年であり、（父親が食堂を経営していたこともあって）このような状況に慣れていなかった。少年は、毎日もう一杯粥をもらうことができなければ、自分は大変なことをしでかしてしまうだろう、と言った。夜、隣にたまたま幼くて弱々しい少年が寝てい

40

たりすれば、食べてしまうかもしれない、と。いかにも腹を減らした、ただごとならぬ目をしてそう言うものだから、少年たちはみな当然のようにその言葉を信じた。話し合いの結果、くじ引きが行われた。その晩、夕食が済んだあとで料理長のところに歩いていき、おかわりをくれという役を決めるためである。そして、オリヴァー・トゥイストがその役を引き当てた。

　夕刻となり、少年たちは席についた。コックのいでたちをした料理長は銅釜のところに立ち、手伝いの貧民たちがそのうしろに整列した。粥が配られ、少ない食事に対してたっぷりと感謝の祈りが捧げられた。粥は一瞬で消えた。少年たちはお互いにささやき合い、オリヴァーに目配せをした。また、両脇の少年はオリヴァーをひじで突いた。オリヴァーは子どもながらに空腹を抱えて必死となり、悲しみのあまり前後の見さかいがつかなくなっていた。そして食卓から立ち上がり、椀と匙を持って料理長の前に歩み出ると、自らの大胆な行動になかば驚きながらこう言った。

　「すいません、おかわりください」

　料理長は丸々と太った健康な男だったが、その顔が真っ青になった。料理長はしばし茫然自失の面持ちで目の前の小さな反逆児を見つめ、よろめいてかまどにしっかりとつかまった。手伝いの者たちは驚きのために固まり、子どもたちは恐怖のために固まった。

　「なんだと！」ようやく料理長はかすれた声で言った。

　「すいません」オリヴァーは答えた。「おかわりください」

（第2章）

◆ 原文 ◆ 下線部に気をつけながら読みましょう。

T he room in which the boys were fed, was a large stone hall, with a copper at one end: out of which the master, dressed in an apron for the purpose, and assisted by one or two women, ladled the gruel at meal-times. Of this festive composition each boy had one porringer, and no more—except on occasions of great public rejoicing, when he had two ounces and a quarter of bread besides. The bowls never wanted washing. The boys polished them with their spoons till they shone again; and when they had performed this operation (which never took very long, the spoons being nearly as large as the bowls), they would sit staring at the copper, with such eager eyes, as if they could have devoured the very bricks of which it was composed; employing themselves, meanwhile, in sucking their fingers most assiduously, with the view of catching up any stray splashes of gruel that might have been

Words & Phrases

fed:「食事を与える」の意の動詞 feed の過去分詞形
copper:「銅釜」。ここでは銅釜を納めたかまど全体を指している
ladled: 柄杓ですくった **gruel:** オートミール、粥 **festive:** お祝いの、楽しい
composition:「混合物」。ここでは、粥を指している
porringer:（主に子ども用の）雑炊皿 **rejoicing:** 祝賀
two ounces and a quarter:「二オンスと四分の一」。一オンスは約二十八グラム
devoured:「貪り食う」の意の動詞 devour の過去分詞形
employing themselves in ... :「…に努めながら」。分詞構文
assiduously: せっせと、根気強く **with the view of ...ing:** …する目的で
stray: 外れた

42

cast thereon. Boys have generally excellent appetites. Oliver Twist and his companions suffered the tortures of slow starvation for three months: at last they got so voracious and wild with hunger, that one boy, who was tall for his age, and hadn't been used to that sort of things (for his father had kept a small cookshop), hinted darkly to his companions, that unless he had another basin of gruel *per diem*, he was afraid he might some night happen to eat the boy who slept next him, who happened to be a weakly youth of tender age. He had a wild, hungry eye; and they implicitly believed him. A council was held; lots were cast who should walk up to the master after supper that evening, and ask for more; and it fell to Oliver Twist.

The evening arrived; the boys took their places. The master, in his cook's uniform, stationed himself at the copper; his pauper assistants ranged themselves behind

---

cast:「ふりかける」の意の動詞 cast の過去分詞形
thereon:「その上に」。ここでは、指の上に、ということ　**voracious:** 貪欲な
cookshop:（小さな）料理店、食堂　**basin:**「鉢」。ここでは「お椀」とした
per diem: 一日あたり　**tender:** 幼い
implicitly: 絶対的に　**fell to ...:**（責任、役割などが）…にふりかかった
stationed: 位置づけた
pauper: 貧しい人々（の）

him; the gruel was served out; and a long grace was said over the short commons. The gruel disappeared; the boys whispered each other, and winked at Oliver; while his next neighbours nudged him. Child as he was, he was desperate with hunger, and reckless with misery. He rose from the table; and advancing to the master, basin and spoon in hand, said: somewhat alarmed at his own temerity:

'Please, sir, I want some more.'

The master was a fat, healthy man; but he turned very pale. He gazed in stupefied astonishment on the small rebel for some seconds, and then clung for support to the copper. The assistants were paralysed with wonder; the boys with fear.

'What!' said the master at length, in a faint voice.

'Please, sir,' replied Oliver, 'I want some more.'

(Chapter 2)

Words & Phrases

grace: (食前の) 感謝の祈り　**short commons**: 不十分な食事

whispered each other: お互いにささやき合った

nudged: (注意を促すために) ひじで突いた　**reckless**: 向こう見ずな、無謀な

temerity: 大胆さ、無礼さ

stupefied: 「麻痺させる、仰天させる」の意の動詞 stupefy の過去分詞形。ここでは形容詞的に直後の astonishment にかかる

rebel: 「反逆児、謀反人」。ここではオリヴァーのことを指している

clung: 「くっつく」の意の動詞 cling の過去形

paralysed: 「麻痺させる、あぜんとさせる」の意の動詞 paralyse の過去分詞形

《名場面》

◆語法・文法解説◆

引用文の中では、場面描写のために複雑な構文が使われているため、オリヴァーの発する単純な台詞がキラリと光ります。

1 out of which the master, dressed in an apron for the purpose, and assisted by one or two women, ladled the gruel at meal-times.

{ 解説 } whichの先行詞はcopperで、out of the copper「その銅釜から」、the master「料理長」がladled the gruel「粥をすくい取った」とつながります。途中のdressed ..., and assisted ... は、料理長の様子を表す、**過去分詞を用いた分詞構文**です。for the purposeは「子どもたちに食事を与える目的で」となります。

2 when they had performed this operation (which never took very long, the spoons being nearly as large as the bowls), they would sit staring at the copper, with such eager eyes, as if they could have devoured the very bricks of which it was composed

{ 解説 } ここは三つの部分に分けて考えましょう。まずは、whenから丸括弧による挿入部の終わりまで。ここでのoperation「作業」は、直前に描写されている少年たちの行為——お椀がぴかぴかになるほど匙で粥をすくい取ること（＝空腹のため、粥の一滴まで夢中で食べること）——で、この語を先行詞とする関係代名詞が丸括弧の中の最初のwhichです。すなわち、その作業は、never took very long「決して長くはかからなかっ

た」。その理由を表しているのが、the spoons 以下の**独立分詞構文（主節の主語とは別の意味上の主語を明示する分詞構文）**です。the spoons「匙が」、being nearly as large as the bowls「お椀とほぼ同じくらいの大きさなので」となります。匙ほどの大きさしかないお椀一杯分の粥しかもらえない**子どもたちの惨状が暗示されています。**

　二つ目の部分は、they から eyes まで。ここでの**would は習慣や習性を表す助動詞**で、they would sit staring at the copper「彼らは座ってじっと銅釜を見つめたものだった」、with such eager eyes「とても熱い眼差しで」となります。

　最後の接続詞句 as if「あたかも」に続く部分には、**反実仮想の仮定法過去完了**が用いられています。they could have devoured the very bricks「まさに煉瓦そのものを貪り食い尽くしかねない（実際に貪り食うことはなかったけれども）」ということです。最後の of which it was composed の which の先行詞は bricks、it は copper を指していますから、銅釜を納めたかまどを形作っているところの煉瓦、となります。

3

at last they got so voracious and wild with hunger, that one boy, who was tall for his age, and hadn't been used to that sort of things (for his father had kept a small cookshop), hinted darkly to his companions, that unless he had another basin of gruel *per diem*, he was afraid he might some night happen to eat the boy who slept next him, who happened to be a weakly youth of tender age.

{解説}　この文については、まず大きな構造を確認しておきましょう。

they got so ...　「彼らはとても…になった」

so ... that ~ の構文

that one boy, ... hinted darkly to his companions, that ~

「ので、一人の少年が暗い表情で仲間に～とほのめかした」

となります。そのthat節の中がまた入り組んだ構造になっています。

［条件節］　unless he had another basin of gruel *per diem*

「一日あたりもう一杯分の粥をもらわなければ」

［主節］　　he was afraid ...「彼は…してしまうのではないかと思った」

　さらに彼が思った内容を表す節がhe might some night happen to eat the boy who slept next him, who happened to be a weakly youth of tender ageです。前半は、

という構造で、the boyを先行詞とする関係節が二つ続きます。

（1）who slept next him「自分の隣に寝ていて」

（2）who happened to be a weakly youth of tender age
　　　「たまたま幼くて弱々しい」

4 The master, in his cook's uniform, stationed himself at the copper; his pauper assistants ranged themselves behind him

{ 解説 } in his cook's uniform は「料理人の服を着て」の意。自分（たち）自身を指し示す再帰代名詞（-self, -selves）の使い方に注意してください。The master ... stationed himself「料理長は…自分自身を位置づけた」→「位置についた、立った」という意味になり、his pauper assistants ranged themselves「貧しい手伝いの者たちは自分たちを並べた」→「並んだ」という意味になります。

5 a long grace was said over the short commons

{ 解説 } 直訳すれば、「足りない食べ物の上に長い祈りが唱えられた」ということですが、この long と short（ここでは「短い」ではなく「不足した」の意）の対照には、食べ物が足りないのに祈りだけ長いことに対する皮肉が込められています。

6 the boys whispered each other

{ 解説 } 「少年たちはお互いに（対して）ささやき合った」。ここでの whisper は「～にささやきかける」という意味の他動詞です。現代英語では、whispered to each other（この場合の whisper は自動詞）という言い方のほうが普通です。

7 Child as he was

解説 「彼は子どもだったけれども」。ここでのasは「〜だけれども」という譲歩の意味を表す接続詞で、この用法のときには形容詞、副詞、名詞（句）が文頭に来るのが通例です。

例 Tired as she was (=Though she was tired), she did her homework before going to bed.

「彼女は疲れていたが、寝る前に宿題をした」

8 advancing to the master, basin and spoon in hand, said

解説 「お碗と匙を持って料理長の前に歩み出ると、こう言った」。advancing to the masterの部分は、「〜しながら」の意味を表す分詞構文。basin and spoon in handの部分は、「お碗と匙を手に持って」という形で付帯状況を表し、最後のsaidにかかります。saidの主語は、文頭にあったHe (= Oliver) です。

9 somewhat alarmed at his own temerity

解説 「いくぶん自らの大胆な行動に驚いて」。最初のsomewhatは「いくぶん、いくらか」の意の副詞です。alarmed以下は、「〜に驚かされて」→「〜に驚いて」の意味の分詞構文。8 のadvancing ...は現在分詞を使った分詞構文ですが、こちらは過去分詞を使った分詞構文です。

10

He gazed in stupefied astonishment on the small rebel for some seconds, and then clung for support to the copper.

{ 解説 }　構文としては、下のようになっています。

He gazed　　　　　　　　on the small rebel for some seconds,
「彼は見つめた」　　　　　「数秒間、その小さな反逆児を」

　　　　　　　　　　　in stupefied astonishment
　　　　　　　　　　　「麻痺させられるほどの驚きで
　　　　　　　　　　　　　　→びっくり仰天して」

and then「それから」

clung　　　　　　　　　to the copper
「くっついた　　　　　　「銅釜に」
→寄りかかった」
　　　　　　　　　　　for support「支えを求めて」

　丸々と太った健康な料理長すら真っ青になってよろめくほどオリヴァーの行動が衝撃的だったことが表現されています。

11 The assistants were paralysed with wonder; the boys with fear.

{ 解説 } セミコロンの前半は、「手伝いの者たちは驚きで麻痺させられた」
の意。後半部では、本来boysとwithの間に前半と同じwere
paralysedが入っており、「少年たちは恐怖で麻痺させられた」の意ですが、
その二語が省略されています。

Please, sir, I want some more.

「すいません、おかわりください」

　救貧院の運営をつかさどる委員会は、オリヴァーがお粥のおかわりを求めたと聞き、院の運営に従わない「反逆児」が現れたと大騒ぎ。慌てて彼の処分を検討します。委員の中には、オリヴァーが絞首刑になるだろうと言い出す者もいます。結局オリヴァーは独房に監禁されたあげくに追い出され、葬儀業者に引き取られます。そして自分の母親を侮辱した先輩の奉公人と喧嘩をしてそこを飛び出し、ロンドンのスリ団に引き込まれてしまうのです。

　オリヴァーがお粥のおかわりをもらいに行く場面は、**当時の福祉事業の欺瞞と救貧院の惨状**を描いており、物語のかなり早い段階で現れますが、本作のみならず、ディケンズ作品の中でも随一の名場面です。とくにオリヴァーが口にする Please, sir, I want some more. は、イギリス人なら知らない人がいないほど、広く人口に膾炙しています。ディケンズの子どもに対するやさしい眼差しと社会の不条理に対する怒りの眼差しの両方がうかがえる名場面です。

英文学で「おかわり」といえばこの場面

　今回の名文句をコンマの区切れ目で三つに分けると、Please も sir も I want some more も、それぞれきわめて普通の表現です。ただし、これが組み合わさると、Please, sir というへりくだり方に対して I want some more があまりに単刀直入で、やはりこれは腹を空かした子どもの**必死の訴えを**

表現しているように思われます。現代において、食事の際におかわりを求めるのであれば、Excuse me, can (could) I have some more? のような表現を使うのが普通ではないでしょうか。もっともこれが必死の訴えであるとの印象は、Please, sir, I want some more がオリヴァーの台詞としてあまりに有名であるために、この表現を目にしたとたんにオリヴァーの声として聴いてしまうために生まれているのかもしれません。

　『ピーナッツ』の四コマ漫画の中に、餌のおかわりを求めるスヌーピーとチャーリー・ブラウンのやり取りを描いたものがあります (Charles M. Schulz, *The Complete Peanuts 1987-1988: Volume 19*, 2013)。空のお皿を持ってチャーリー・ブラウンの家の前に立つスヌーピーに向かって、チャーリー・ブラウンは「おかわりだって？　オリヴァー・トゥイストは、おかわりをもらいに行って、独房に閉じ込められたんだよ」(More? When Oliver Twist asked for more, they put him in solitary confinement) と言います。スヌーピーは、「あの馬鹿な小僧（つまりオリヴァー）のせいで僕たちが苦しまなくちゃならないなんて」(That stupid kid ruined it for the rest of us) と考えながら、とぼとぼと帰っていきます。四コマ漫画の中に出てくる台詞（スヌーピーはしゃべりませんので、彼の思考内容も含みます）はそれだけ。それでも、これを読んだアメリカの（少なくとも1988年当時の）子どもたちは面白さを理解するわけですから、いかに『オリヴァー・トゥイスト』の物語が英米人にとってよく知られたものであるかがわかります。

オリヴァー今昔

　2010年に研究休暇を取ってロンドンに滞在した際、シアター・ロイヤル・ドルリー・レーンでロングラン公演中のミュージカル『オリバー！』を見ました。『オリヴァー・トゥイスト』をライオネル・バートがミュージカル化したもので、初演は1960年です。さらにこれをもとにした1968年製作のミュージカル映画『オリバー！』（この中で、ひときわかわいい顔でひときわ下手な歌を歌っている主演のマーク・レスターは、私たちの世代だと『小さな恋のメロディ』（1971）の主役としてなじみがあります）も大ヒットしました。『オリヴァー・トゥイスト』は何度も映画化されており（最新のものは、2005年のロマン・ポランスキー監督作品）、ミュージカル版も含め、ほとんどの作品は何度も見ていますが、大学・大学院時代にディケンズを研究していた人間として、どうしても本場ロンドンで劇場版を見ておかなければいけないと思ったのです。

　演出上の工夫か、舞台の物理的制約のゆえか、映画とは違っている部分も多く、フェイギンが独り言の体裁で観客を茶化して笑いを取る場面の観客と役者の一体感などは劇場でなくては味わえないものでした。また、舞台が終わって挨拶に出てくる役者は当然ながら盛大な拍手と歓声で迎えられるのですが、ビル・サイクスが出てきたときだけ

大きなブーイングが起こったのも愉快でした。本作最大の悪役サイク
スを演じる役者にとって、これ以上の賞賛はないでしょう。とにかく、
最初から最後まで退屈させることのない、素晴らしい舞台でした。

　中でもとくに印象に残ったことが三つあります。まず、場面転換の
素早さ。『オリバー！』は、救貧院の内部、葬儀店、ロンドンの街路、
フェイギン率いるスリ団の根城、酒場、高級住宅地などなど、舞台転
換の多いミュージカルです。それでも、舞台の前面に気を取られてい
るうちにいつの間にか背景が変わっていたり、さっきまで門であった
ものが、まるで違和感なく外壁になっていたり、決して目まぐるしい
という印象を与えることなく場面が変化していくのです。観客席の作
りは歴史を感じさせますが、舞台には相当高度な仕掛けが施されてい
るらしいのです（まさか手動で動かしているのではないでしょうね）。

　二つ目は、ナンシー役のケリー・エリスの歌のうまさ。何か月にも
わたるテレビの公開オーディション番組を勝ち抜き、視聴者の人気投
票によってナンシー役に選ばれた役者・歌手だけあって、鍛え方が違
うという印象を受けました。あばずれな感じもじつによく出ているし、
声音や声の出し方が映画版でナンシーを演じたシャニ・ウォリスを思
わせました。人によっては、映画版に引きずられているとの印象を持

つかもしれませんが、そもそも私はシャニ・ウォリスが好きなので、それも好印象でした。音程の安定感といい声量といい、とにかく度肝を抜かれました。

　三つ目は、観客の中に子どもが多かったこと。マチネー（昼間の興行）ということもあってか、客の半数近くは親子連れではなかったかと思います。ディケンズの作品がいまだに映画化されたり、ミュージカルに作り替えられてロングラン公演が続いていることも素晴らしいことですが、親たちがそれを子どもたちに鑑賞させるところが偉いではありませんか。このミュージカルを見た子どもたちは、大きくなってディケンズの原作を読み、やがて自分の子どもたちを映画館や劇場に連れていくのでしょう。イギリスでは、このような形で大いなる文化遺産が次世代に引き継がれているのであり、日本でもこのように文化遺産を次世代に伝えていきたいものだと思いました。

　読者の皆さんも、機会があったらぜひミュージカル『オリバー！』を、そして文学作品をもとにした映画や劇を鑑賞していただきたいと思います。できれば、翻訳でもいいから、先に原作を読んでいくことをお勧めします。

　　　　　　　　　　　　　　　　　　　　　　　（斎藤兆史）

Lesson
3

シャーロット・ブロンテ

『ジェイン・エア』

Charlotte Brontë

Jane Eyre

Jane, will you marry me?

「ジェイン、結婚してくれるかい？」

シャーロット・ブロンテ

『ジェイン・エア』(1847年)

Charlotte Brontë

Jane Eyre

生まれて間もなく孤児となり、引き取られた家でいじめを受け、孤独な少女時代を過ごしたジェインが、自立した女性として成長を遂げていく物語。財産や社会的地位、容姿にも恵まれないヒロインが最後に愛する人と結ばれる異色の作品は、当時の社会に大きな反響をもたらしました。

シャーロット・ブロンテ (1816-55) は、1816年、牧師をつとめるパトリック・ブロンテと、マリア・ブランウェルの三女として、イングランド北部ヨークシャー州ソーントンで生まれました。1820年に一家が同州ハワースに転居した翌年に母親が死亡、その後シャーロットは、二人の姉と妹のエミリー (Lesson 4『嵐が丘』の作者) とともに、聖職者の娘たちのための寄宿学校カウワン・ブリッジ・スクール (『ジェイン・エア』に出てくる慈善学校ローウッド女学院のモデルと言われています) に入学します。この学校の劣悪な環境のもとで、長女と次女が相次いで死去、エミリーとハワースの実家に戻ります。シャーロットは、1831年から翌年にかけてハリファックス近くのロウ・ヘッド・スクールで学び、1835年に経済的な理由もあって同校の教師になりました。十分とは言えない父の年収、弟の放蕩生活など、ブロンテ一家

には経済的な問題が影を落としていたと言われています。その後シャーロットは、しばらく個人宅で住み込みの家庭教師として働きましたが、教師としての経験は『ジェイン・エア』の執筆に反映されています。1842年、自ら学校を経営する準備も兼ねてブリュッセルにエミリーとともに留学しましたが、結局この学校開設は実現しませんでした。

Lesson 3

　学校経営計画の頓挫を経て、シャーロットは本格的に文筆に携わります。1846年、妹のエミリー、アンとともに『カラー、エリス、アクトン・ベルの詩集』(*Poems by Currer, Ellis, and Acton Bell*) を発表、その際一見男性と思われるようなペンネームを使用します。19世紀イギリスの保守的な慣習において、多くの女性作家がペンネームを用いたり、匿名を使ったりして作品を発表していたのです。1847年には『ジェイン・エア』を出版、副題には、「自伝、カラー・ベル編」と書かれていました。この作品は、Lesson 2で言及した『デイヴィッド・コパフィールド』と同様に、主人公が苦難の末に成長していく教養小説 (Bildungsroman) と見なすことができます。また、『ジェイン・エア』はヴィクトリア朝時代の作品としては革新的と見なされてきました。その理由として、主人公ジェインが孤児であること、容姿端麗ではないこと、女性が強い意志を持って人生を切り開いていくこと、主人公自身が語り手になって激しい感情や情熱的な愛を隠すことなく表現したこと、男女平等の立場を求めたことなどが挙げられます。この作品に登場するバーサという女性も衝撃的な人物設定です。西インド諸島出身の彼女は、精神障害を患って、ジェインが家庭教師として住み込む館の屋根裏に幽閉されています。作品後半で、バーサは館に自ら火を放って焼死してしまいます。のちに、イギリス領ドミニカ（当時）出身の作家ジーン・リースは、バーサを主人公に仕立てて『広い藻の海』(*Wide Sargasso Sea,* 1966) を執筆しました。この作品は、『ジェイン・エア』をジェンダーや人種の観点から問い直したと言えるでしょう。

シャーロットが執筆したそのほかの作品には、ペンネームで発表した『シャーリー』(*Shirley*, 1849) や『ヴィレット』(*Villette*, 1853)、死後出版された『教授』(*The Professor*, 1845-46 に執筆、出版は1857) があります。彼女は、1854年にアーサー・ベル・ニコルズと結婚しますが、翌年胎内に子どもを宿しながらも死去しました。38年の生涯でした。ウェスト・ヨークシャーを中心としたブロンテ姉妹とゆかりのある地域一帯は「ブロンテ・カントリー」と呼ばれ、現在も人気の観光スポットになっています。姉妹が1820年から過ごし、シャーロットやエミリーの墓があるハワースの牧師館が現存しています。『ジェイン・エア』の舞台となった場所や、モデルになった家も訪れることができます。

全体のあらすじと名場面

　『ジェイン・エア』の舞台は、大きく分けて五つ設定されています。①伯父と伯母の屋敷ゲイツヘッド、②寄宿生活を送るローウッド、③家庭教師の職を得るソーンフィールド・ホール、④ロチェスターと別れた末にたどり着くムア・ハウス、そして⑤彼と再会を果たすファーンディーンです。

　生後間もなく両親を亡くしたジェインは、伯父に引き取られます。彼の死後、伯母やその子どもたちから厄介者扱いされ、果てはうそつきの烙印を押されて、ゲイツヘッドからローウッド女学院に送られます。ここでは、厳しい規律や、劣悪な衛生環境に悩まされながらも、生徒として6年間、教師として2年間を過ごします。心を通わせた友だちの死、尊敬する先生の退職を経験した末に、ジェインはローウッドを出て新たな生活を送る決心をします。

　彼女が職を得たのは、ソーンフィールド・ホールという屋敷で、ここで

住み込みの家庭教師として働きはじめます。生徒は、屋敷の主ロチェスターが後見人をつとめる少女です。ジェインは、ときおり響く奇妙な笑い声や人の気配に悩まされながらも、屋敷の生活に徐々に慣れていきます。充実した生活を送るうちに、彼女はソーンフィールド・ホールを離れがたい場所だと感じるようになります。やがて身分の差を超えて、ロチェスターと愛し合うようになり、彼の求婚を受け入れます。結婚式当日、まさに誓約が結ばれようというとき、結婚の無効を訴える二人の男が現れます。一人は弁護士、もう一人はジャマイカから来たメイソンという男。二人の指摘により、ロチェスターがメイソンの妹バーサとすでに結婚していたことが判明します。バーサはまだ生きており、狂人としてソーンフィールド・ホールの最上階に幽閉されているのです。ジェインを悩ませてきた奇妙な声や人の気配は、バーサが原因だったのです。

　絶望したジェインは屋敷を出て草原をさまよい、ある村の牧師館ムア・ハウスにたどり着きます。そこで世話になるうち、主人のリヴァーズ牧師に気に入られ、結婚して一緒にインドへ行き、布教活動をしてほしいと求愛されます。彼の求婚を受け入れるか否か迷い続けていた折、彼女は自分の名を呼ぶ不思議な声を聞きます。胸騒ぎを覚えてソーンフィールド・ホールに戻った彼女が目にしたのは、想像を絶する光景でした。変わり果てたロチェスターと再会を果たした地は、ファーンディーンでした。

❰ 名場面 ❱

引用箇所は作品の中盤、ソーンフィールド・ホールの庭でロチェスターがジェインに求婚する場面です。彼女は、お客として滞在中のミス・イングラムとロチェスターが結婚すると疑わず、自分はソーンフィールド・ホールを去らなければならないと思い込んでいます。心の内を正直に明かし合い、お互いに対する疑念を晴らし、かけがえのない存在と認め合うようになる、目まぐるしく感情が変化する場面です。

「**私**」はソーンフィールドの屋敷から出ていくのが本当に悲しいのです。私はこの屋敷を愛しています――。なぜなら、ここで充実した楽しい生活を――少なくとも一時の間にせよ――送ってきたからです。[ソーンフィールドで]私は踏みつけにされたことも、まるで生命がないもののように扱われたこともありませんでした。卑劣な心を持った人たちの中で埋もれるように暮らしたことも、輝かしく、力強く、高尚なものとわずかに触れ合うことを禁じられたこともありませんでした。[ここで]私は、尊敬し、喜びを感じるものと――独創的で力強く広い心の持ち主と、直接語り合ってきました。ロチェスター様と知り合いになったからです。ですから、完全に永久に、あなたと離れ離れになることを思うと、恐怖と苦悩で打ちひしがれてしまいます。別れなくてはならないことはわかります。でもそれは、逃れられない死を見るようなものです」

「別れなければいけない必然性がどこにあると思う？」彼が突然尋ねた。

「どこに、ですって？　あなた様ご自身が、そのように仕向けたのです」

「どのような形で？」

「ミス・イングラムという形で、です。身分が高くて、美しいお嬢様――あなたの花嫁になる方です」

「私の花嫁だって？　どんな花嫁だ？　私には花嫁なんかいないぞ！」

「でも、もうじき花嫁をお迎えになります」

「そうだ――じきに――迎えるとも！」彼は歯を食いしばった。

「ですから、私は出ていかなくてはならないのです――あなた様ご自身が、そうおっしゃいました」

「いいや、ここにいなくてはいけない！　誓って言う──この誓いは絶対守る」

「出ていかなくてはいけないのです、絶対に！」私は、強い思いに駆られて言い返した。

「あなたにとって何でもないものになっても、私がここにとどまれると思うのですか？　私のことを自動人形だと──感情を持たない機械だと思っているのですか？　ひとかけらのパンを口元からひったくられ、生命の水をコップから奪い取られても、耐えられると思っているのですか？　私が貧乏で、身分が低く、器量が悪く、ちっぽけだからといって、魂も愛情もない人間だと思っているのですか？　それは間違いです！──私は、あなたと同じくらいの魂と──あなたに負けないほどの愛情を持っているのです。もし神様が、私にそれなりの美貌とたくさんの財産を与えてくださっていたなら、あなたは、今の私と同じように別れるのがつらいと思うでしょう。今私は、慣習や因習、肉体さえも介さないで、あなたに語りかけようとしています。あなたの魂に語りかけているのは、私の魂です。あたかも二人が［死を迎えて］お墓に入ったのちに、［肉体を離れた魂が］神様の御前において対等な立場であるように──私たちが、今、対等な立場であるように！」

「私たちが対等な立場であるように！」ロチェスター氏は繰り返し叫ぶと、「そのとおり」と付け加えて私を抱きしめ、胸に引き寄せて唇を重ねた。「そのとおりだ、ジェイン！」

「ええ、そのとおりです、ロチェスター様」私は答えた。「それなのに、対等ではありません。なぜならば、あなたは結婚している──結婚したのと

同然なのですから。しかも、あなたより劣った女性、共感を持てない女性、本当に愛しているとは私には思えない女性と、結婚しようとしているのです。あなたが彼女を軽蔑するのを、私は見たり聞いたりしたことがあるのですから。そんな結びつき、私は軽蔑します。だから私は、あなたより上の立場にいるのです——行かせてください！」

「どこへ、ジェイン？　アイルランドへ？」

「そうです——アイルランドへ、です。私は言いたいことは言いましたから、もうどこへでも行けます」

「ジェイン、静かに。そんなにもがかないで。死にもの狂いになって自分の羽根をかきむしる狂った小鳥のようだ」

「私は小鳥ではありません。どんな網でも私を捕らえることはできません。私は自分の意志を持った自由な人間です。その意志の力で、あなたと別れようとしているのです」

もう一度もがいて、やっと彼の手から逃れ、私は彼の目の前にまっすぐに立った。

「では、君の意志の力で自分の運命を決めるがよい」彼が言った。「私のこの手と、この心、全財産を君に与えよう」

「なんて馬鹿馬鹿しいことを。笑うしかありません」

「君に一生、そばにいてほしいと——私の分身となり、この世で最良の伴侶になってほしいとたのんでいるのだよ」

「結婚相手は、すでにご自分で選んだではありませんか。ですから、それに従わなくてはいけないのです」

「ジェイン、しばらく黙って。君はひどく興奮している。私も黙ることに
しよう」

　ひと吹きの風が月桂樹の小径をさっと通り抜け、栗の枝々を震わせて
いった。風は遠くへ――遠くへ――はるか彼方へと漂い、消えた。ナイチ
ンゲールの歌声だけが、その時間に聞こえる唯一の声だった。それを聞き
ながら、私はまた涙を流した。ロチェスター氏は静かに腰を下ろし、やさ
しく真剣な眼差しで私を見ていた。しばらくして、彼はようやく口を開い
てこう言った――。

「そばに来て、ジェイン、そしてよく話し合って、お互いのことを理解し
よう」

「二度とそばにはまいりません。すでに引き離された身ですから、おそば
には戻れません」

「でもジェイン、妻として来てくれと言っているのだよ。私が結婚したい
のは君だけだ」

　私は口をつぐんだ。からかわれていると思ったからだ。

「さあ、ジェイン――こっちに来て」

「私たちの間には、あなたの花嫁が立ちふさがっています」

　彼は立ち上がり、大きく一歩踏み出して私の前に来た。

「私の花嫁はここにいる」と彼は言い、ふたたび私を引き寄せた。

「私にぴったりの人、私と生き写しの人がここにいるのだ。ジェイン、結
婚してくれるかい？」

　　　　　　　　　　　　　　　　　　　　　　　　　　　（第23章）

下線部に気をつけながら読みましょう。

'I grieve to leave Thornfield: I love Thornfield:— I love it, because I have lived in it a full and delightful life—momentarily at least. <u>I have not been trampled on.</u>[1] I have not been petrified. I have not been buried with inferior minds, and excluded from every glimpse of communion with what is bright and energetic and high. <u>I have talked, face to face, with what I reverence, with what I delight in—with an original, a vigorous, an expanded mind.</u>[2] I have known you, Mr Rochester; and it <u>strikes me with terror and anguish to feel I absolutely must be torn from you for ever.</u>[3] I see the necessity of departure; and it is like looking on the necessity of death.'

'Where do you see the necessity?' he asked suddenly.

'Where? You, sir, have placed it before me.'

Words & Phrases

grieve to ... : …を深く悲しむ　　**full:** 充実した

trampled: 「（人の感情や権利を）踏みつける、踏みにじる」の意の動詞 trample の過去分詞形。「使用人などを踏みつけにする」という意味もある

petrified: 「石化する」の意の動詞 petrify の過去分詞形。ここでは「生命のないもののように扱われること」を意味する

buried: 「埋もれさせる」の意の動詞 bury の過去分詞形。bury の発音は /béri/

inferior minds: 卑劣な心の持ち主

glimpse of ... : わずかな…　　**reverence:** 尊敬する、敬愛する

vigorous: 力強い、精力的な

torn: 「引き離す、引き裂く」の意の動詞 tear の過去分詞形。tear-tore-torn と活用

Lesson 3

'In what shape?'

'In the shape of Miss Ingram; a noble and beautiful woman—your bride.'

'My bride! What bride? I have no bride!'

'But you will have.'

'Yes—I will!—I will!' He set his teeth.

'Then I must go—you have said it yourself.'

'No: you must stay! I swear it—and the oath shall be kept.'

'I tell you I must go!' I retorted, roused to something like passion. 'Do you think I can stay to become nothing to you? Do you think I am an automaton?—a machine without feelings? and can bear to have my morsel of bread snatched from my lips, and my drop of living water dashed from my cup? Do you think, because I am poor, obscure, plain, and

---

set his teeth: 「歯を食いしばった」。決意を固める様子を指す

swear: 誓って言う、誓って約束する　**oath:** 誓い

retorted: 言い返した

roused: 「感情を起こさせる、奮起させる」の意の動詞rouseの過去分詞形。直前にbeingが省略されている分詞構文

automaton: 自動人形、ロボット

morsel of bread: 「ひとかけらのパン」。「生命の水 (living water)」とともに、聖書でよく使われる表現

snatched: 「ひったくる」の意の動詞snatchの過去分詞形

little, I am soulless and heartless? You think wrong!—I have as much soul as you—and full as much heart! And if God had gifted me with some beauty and much wealth, I should have made it as hard for you to leave me, as it is now for me to leave you. I am not talking to you now through the medium of custom, conventionalities, nor even of mortal flesh;—it is my spirit that addresses your spirit; just as if both had passed through the grave, and we stood at God's feet, equal—as we are!'

'As we are!' repeated Mr Rochester—'so,' he added, inclosing me in his arms, gathering me to his breast, pressing his lips on my lips: 'so, Jane!'

'Yes, so, sir,' I rejoined: 'and yet not so; for you are a married man—or as good as a married man, and wed to one inferior to you—to one with whom you have no sympathy— whom I do not believe you truly love; for I have seen and

Words & Phrases

through the medium of ...: …を介して
conventionalities:「慣例、しきたり」の意の名詞 conventionality の複数形
mortal flesh: 死ぬべき運命の肉体　**spirit:** (人体を離れた) 魂
address(es): 話しかける
and yet: それなのに　**as good as ...:** …と同然、同じ
wed:「結婚する」。新聞用語や文学作品以外では、marry が一般的

heard you sneer at her. I would scorn such a union: therefore I am better than you—let me go!'

'Where, Jane? To Ireland?'

'Yes—to Ireland. I have spoken my mind, and can go anywhere now.'

'Jane, be still; don't struggle so, like a wild frantic bird that is rending its own plumage in its desperation.'

'I am no bird; and no net ensnares me; I am a free human being with an independent will, which I now exert to leave you.'

Another effort set me at liberty, and I stood erect before him.

'And your will shall decide your destiny,' he said: 'I offer you my hand, my heart, and a share of all my possessions.'

'You play a farce, which I merely laugh at.'

'I ask you to pass through life at my side—to be my second

Lesson 3

---

sneer at ... : …をあざ笑う、冷笑する　scorn: 軽蔑する
be still: 「静かにする、黙る」。ここでの still は形容詞　frantic: (苦痛などで) 狂乱した
rending: 「かきむしる」の意の動詞 rend の現在分詞形
plumage: 羽根、羽毛　desperation: 絶望、死にもの狂い
ensnare(s): わなで捕らえる　exert: (力などを) 使う
set ... at liberty: …を自由にする　erect: まっすぐな、直立した
possessions: 財産　farce: 馬鹿馬鹿しいこと
my second self: もう一人の私、分身

self, and best earthly companion.'

'For that fate you have already made your choice, and must abide by it.'

'Jane, be still a few moments: you are over-excited: I will be still too.'

A waft of wind came sweeping down the laurel-walk, and  trembled through the boughs of the chestnut: it wandered away—away—to an indefinite distance—it died.   The nightingale's song was then the only voice of the hour: in listening to it, I again wept. Mr Rochester sat quiet, looking at me gently and seriously.   Some time passed before he spoke; he at last said—

'Come to my side, Jane, and let us explain and understand one another.'

Words & Phrases

earthly: この世の

companion: 「伴侶、仲間」。この語の語源は、ラテン語で「食事仲間」を指す

fate: 「結婚相手」。古風な言い方 **abide by**: (約束などを) 忠実に守る、固守する

waft: (風・煙などの) ひと吹き

sweeping: 「さっと飛び去る」の意の動詞sweepの現在分詞形

laurel-walk: 月桂樹の小径

boughs of the chestnut: 「栗の小枝」。boughの発音は /báu/。日本語でおなじみの栗を意味するマロンはフランス語由来

wandered: さまよった **indefinite**: 果てしない、無限の

wept: 「(めそめそと) 泣く」の意の動詞weepの過去形

'I will never again come to your side: I am torn away now, and cannot return.'

'But, Jane, I summon you as my wife: it is you only I intend to marry.'

I was silent: I thought he mocked me.

'Come, Jane—come hither.'

'Your bride stands between us.'

He rose, and with a stride reached me.

'My bride is here,' he said, again drawing me to him, 'because my equal is here, and my likeness. Jane, will you marry me?'

(Chapter 23)

summon: 呼ぶ、求める   intend: するつもりである
mocked: からかった、馬鹿にした
hither: 「ここへ、こちらへ」。やや古い言葉
bride: 「花嫁、新婦」。「花婿、新郎」は bridegroom
stride: 大またの一歩 likeness: 似たもの、生き写し

誤解し続けるジェイン、何とか誤解を解こうとして彼女をなだめるロチェスター。二人の真意を想像しながら読んでいきましょう。

1 I have not been trampled on.

{ 解説 } 「私は踏みつけにされたことはありませんでした」という**経験を表す現在完了**。続く文章でも、I have not been ... が繰り返されます。幼い頃からジェインはつらい思いをしてきましたが、**ソーンフィールドではこのような経験をしなかったと強調**しています。

2 I have talked, face to face, with what I reverence, with what I delight in—with an original, a vigorous, an expanded mind.

{ 解説 } 以下のように、talk のあとに with が導く句が三種類続いています。what は、「〜するもの（こと）」の意の関係代名詞です。

I have talked,─「私は語り合ってきた」

┌ with what I reverence,「私が尊敬するものと」

├ with what I delight in「私が喜びを感じるものと」

└ —with an original, a vigorous, an expanded mind
　「独創的で力強く広い心の持ち主と」

　最後の with の前に―（ダッシュ）が挿入され、少し間が空いています。ジェインが少しためらってから最後の with 以下を述べたのは、「独創的で力強く広い心の持ち主」が**目の前のロチェスターを指すから**だと考えられ

ます。実際、ジェインは直後の台詞で、このように感じるのはロチェス
ターと出会ったからだと付け加えています。

3 it strikes me with terror and anguish to feel I absolutely must be torn from you for ever

{ 解説 } itは形式主語、真主語たるto以下の不定詞を用いた名詞句を指します。strike＋人＋with ...は、直訳すれば「…で〈人〉を襲う」の意ですから、ここでは、「私は恐怖と苦悶に打ちひしがれた」ということになります。

　それで、どうして打ちひしがれるかというと、それを表す部分がto不定詞以下のfeel...「…と思うと」とその目的語に当たるI absolutely must be torn from you for ever「完全に永久に、あなたと離れ離れになる」の名詞節です。feelとIの間に名詞節を導く接続詞のthatが省略されていると考えるとわかりやすいでしょう。

4 Do you think I can stay to become nothing to you?

{ 解説 } この文を含め、Do you think ...?で始まる文章が三つ続き、その後You think wrong!「それは間違いです！」が続きます。**ジェインは、ロチェスターの考えを強く否定しようとしています。**ここでのthinkの目的語となっているのは、名詞節のI can stay to become nothing to youで、ここでもthinkとIの間に接続詞のthatが省略されていると考えるといいでしょう。to becomeは結果を表すto不定詞の副詞用法で、節全体として「私がとどまってあなたにとって何者でもなくなる」の意味になります。

5 I have as much soul as you—and full as much heart!

{ 解説 } ダッシュの前は、直訳すれば「私はあなたと同じくらいの魂を持っている」となります。後半部を完全な形で書き直すと、and I have full as much heart as you have となります。**full は「十分に」の意味の副詞**で、この部分を直訳すれば、「私はあなたと十分に同じくらいの心を持っている」となります。

6 if God had gifted me with some beauty and much wealth, I should have made it as hard for you to leave me, as it is now for me to leave you

{ 解説 } **仮定法過去完了の文で、過去の反実仮想を表します。**gift（動詞）＋人＋with ... は、「（人に）…を与える」の意ですから、神様は、現実においては私に美貌も富も与えてはくれなかった（とはいえ、のちに彼女は大きな遺産を相続することになります）が、仮にそれをいくらかでも与えてくれていたらという条件節になり、I should have ...「私は…していたはずだ」で始まる帰結節に続きます。何をしていたはずかというと、made it as hard「同じように難しくしていた」(it は to 以下を示す形式目的語)、for you to leave me「あなたが私と別れるのを」、as it is (hard) now for me to leave you「今私があなた様と別れるのが難しいのと同じくらい」（ここでの it は、to 以下を示す形式主語）となります。複雑な構文なので、帰結節の部分を次のように図示してみます。

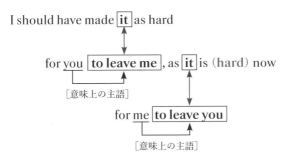

接続詞asで導かれる最後の部分だけが現在の真実を表しています。

---

7 **I am not talking to you now through the medium of custom, conventionalities, nor even of mortal flesh;—it is my spirit that addresses your spirit; just as if both had passed through the grave, and we stood at God's feet, equal—as we are!**

{ 解説 }　全体を三つの部分に分けて考えましょう。最初のセミコロンまでの部分はI am not ... と nor ... が呼応しています。nor以下の部分の言葉を補うと、nor even through the medium of mortal flesh となります。「慣習や因習、それどころか生身の肉体を媒体として話しているのではない」となります。では、どのような話し方をしているかというと、it is my spirit that addresses your spirit「あなたの魂に語りかけているのは私の魂なのです」というわけです。「it ... that ~ の強調構文」ですね。強調しないと、my spirit addresses your spirit になります。just as if「それはまるで」、both had passed through the grave「私たち二人がお墓を通り過ぎ（＝霊魂となって）」、and we stood at God's feet「神の御前に立ったかのよ

うに」、equal「対等の立場で」（補語）、as we are「今の私たちと同じように」
となります。as if節の中で**反実仮想の仮定法過去完了と仮定法過去**が用い
られていることにも注意してください。

8 Another effort set me at liberty, and I stood erect before him.

{ 解説 } Another effort set me at liberty は、直訳すれば「もう一度もがい
たことが私を自由にした」となります。**典型的な無生物主語の表
現**で、ロチェスターの腕を振りほどいて自由になったことを意味します。

次の節中のstoodはstandの過去形。形容詞 erect「直立した」は、補語
として、どんな風に立っているかを示しています。

9 A waft of wind came sweeping down the laurel-walk, and trembled through the boughs of the chestnut

{ 解説 } 文の主語はA waft of wind「ひと吹きの風」で、それを受ける動
詞 がcameと trembledで す。sweeping down the laurel-walkの
部分は、「月桂樹の小径をさっと通り過ぎながら」という意味で、どのよう
に風が吹いて来たのか、付随的に状況を説明します。

10 in listening to it

{ 解説 } in ＋動名詞で「…するとき、…しながら」を表します。it は文の冒頭の The nightingale's song を指します。

　ちなみに、on ＋動名詞は、「…したとたん」という意味を表すことがよくあります。

例 On arriving at the house, she knocked on the door.
　「屋敷に着くとすぐに、彼女はドアをノックした」

11 I will never again come to your side

{ 解説 } I will never ... で「決して…するつもりはない」という強い否定の意志を表します。

　go ではなく come が使われているのは、相手の視点から動きを表現しているためです。『ジェイン・エア』の後半部分には、一度別れたロチェスターが自分を呼ぶ声を聞いて、ジェインが 'I am coming!'、'Wait for me! Oh, I will come!' と叫ぶ場面があります（第35章）。このように、声をかけている相手のもとに「行く」という場合、英語では come を使います。

12   it is you only I intend to marry.

{ 解説 } いわゆる「it ... that ~ の強調構文」の変異形です。

• **基本構文**

I intend to marry you.「私はあなたと結婚するつもりだ」

• **「あなた（you）」を強調する**

<u>It</u> is you <u>that</u> I intend to marry.「私が結婚するつもりなのはあなただ」

　「あなただけだ」と意味をより強めるためにonlyを加え、thatを省いた文と考えられます。

13   He rose, and with a stride reached me.

{ 解説 } Heが主語で、それを受ける動詞がroseとreachedです。with a strideの部分は、「一歩大きく踏み出して」の意味の副詞句です（「副詞句」は品詞としての働きに注目した場合。言語学では、前置詞に導かれているという意味で、「前置詞句」と呼ばれます）。

14 because my equal is here, and my likeness.

{ 解説 } equal は「等しいもの、相当物」、likeness は「生き写し、似ているもの」の意味。君こそ自分にふさわしい、ぴったりの人、まさに自分と同じような人間だから結婚してくれ、と言っているのです。

Jane, will you marry me?
「ジェイン、結婚してくれるかい?」

　Jane, will you marry me?の一文だけを読むと、この場面が『ジェイン・エア』のクライマックスかと、思ってしまうかもしれません。不遇なヒロインが望ましい相手と出会い、最後に結婚、「彼らは幸せに暮らしました。めでたし、めでたし（They lived happily ever after.）」で終わる、と。このようなストーリー展開は、『シンデレラ』や『白雪姫』をはじめとして、いくつも思い浮かぶことでしょう。**ところが『ジェイン・エア』は、これからが正念場です。**二人の結婚話をきっかけに、ロチェスターの秘密の過去が暴かれ、物語は予想外の方向に展開していきます。**簡単に「めでたし、めでたし」で終わらない運命**を受け止め、ジェインは強い気持ちで人生を切り開いていきます。

will you ...?

　学校英文法でもおなじみの助動詞willは、「これから〜しよう」とそのときに決めた予定や、未来のことを表現する際に用います。また、未来の予測や意志（「〜でしょう」、「〜するつもりです」など）を表すときにも使います。今回の例のようにWill you ...?と疑問文で用いると、相手の意志を尋ねたり、依頼したりする表現になります。Would you ...?とwillを過去形にすると、やや丁寧な言い方になります。

　引用した原文のすぐあとの文章でも、ロチェスターは、Will you be mine?と言っています。will you ...?は、**一世一代の求婚の台詞として、ジェインの意志を確認する意図**で用いられています。

愛やプロポーズの表現

　ロチェスターがジェインに求婚した際の言葉、Will you marry me? は現在でも代表的なプロポーズの表現と言えるでしょう。愛やプロポーズにまつわる言葉をLesson 1の『高慢と偏見』からも引用してみます。作品中盤で、ダーシーがエリザベスにはじめて求婚する場面です。エリザベスは、このときは彼のプロポーズを拒みます。

'In vain have I struggled. It will not do. My feelings will not be repressed. You must allow me to tell you how ardently I admire and love you.'

「私は努力してきましたが、無駄でした。もう限界です。私の気持ちは抑えられません。どうか言わせてください。私がどれだけ熱烈にあなたを崇拝し、愛しているかを」

　ダーシーの求婚に対するエリザベスの返事の一部を引用します。

'But I cannot — I have never desired your good opinion, ...'

「でもだめなのです——私はあなたに好意を持っていただきたいと思ったことは、一度もありません…」

(第34章)

　物語の登場人物は、自分の思いを伝えようと精一杯、愛を語りますが、その思いはすぐに受け止められるとはかぎりません。ことによると、すんなり愛が成就しないほうが作品は面白くなるのかもしれません。

ガヴァネスとしてのジェイン、
今も生きる『ジェイン・エア』

　『ジェイン・エア』は、自分の意志を貫く異色のヒロインの物語として、出版後すぐに大きな反響を呼びました。この作品は、原文ばかりではなく、世界各国の翻訳版を通して、現在も多くの読者に読み継がれています。

　『ジェイン・エア』が書かれたヴィクトリア朝 (1837-1901) は、イギリスが未曾有の発展を遂げた時代でした。国の繁栄の原動力となった男性を支えるために、女性に期待された役割は、結婚・出産をして「家庭の天使（Angel in the House）」になることだったのです。

　ジェインが、当時の女性の立場に対して考えを示す場面があります。「女性はプディングを作り、靴下を編み、ピアノを弾き、袋に刺繍をして、家にじっとしているべきだと言うのは、特権的な地位にある男性の狭い了見である。これまでの習慣が女性に必要だと決めつけてきたこと以上に、何かをしようとしたり、学ぼうとしたりすることを、非難したりあざ笑ったりするのは、浅はかである」（第12章）。当初ペンネームで発表された『ジェイン・エア』の作者が女性だとわかったら、当時の人々は非常に驚いたことでしょう。

　このような風潮の中で、女性が体面を保ちながら収入を得ることができた仕事は、ガヴァネス（governess、女家庭教師）でした。経済的

必要性に迫られて、裕福な家庭に住み込んだ彼女たちは、子どもたち
に学業を教えるだけではなく、彼らのしつけや、時には家事も担った
と言われています。しかも多くの場合、賃金は低く、置かれた立場も
中途半端で、心身ともにつらい仕事だったようです。ガヴァネスは、
家のこまごまとした仕事を担う使用人とはなじめず、雇い主やその家
族からは下の立場に見られ、孤立していたと言います。ガヴァネスが
生きる世界の厳しさは、ジェインに対するミス・イングラムの差別的
態度や、作品随所に見られるジェインの言動（例えば己の自画像を
「身寄りのない、貧乏な、そして不器量な家庭教師の肖像」と見なす場
面、第16章）などに描きこまれています。ここでジェインの容姿に対
して用いられている「不器量（plain）」という表現は、作品全体で繰り
返し使われていますが、容姿端麗でない点は、じつはガヴァネスに求
められた条件とも言われています。ガヴァネスに関する知識を深める
上で、川本静子『ガヴァネス（女家庭教師）』（中公新書、1994年）をお
勧めしたいと思います。

　ガヴァネスとしてのジェインの姿は、作品に丁寧に描かれています
が、映画やテレビ・ドラマなど原作をもとにして作られた映像を通し
ても見ることができます。私も複数の映像を見ましたが、どの作品に

も共通している点は、ジェインの見た目が「地味」だということです。ミス・イングラムをはじめとする貴婦人のきらびやかさに比べて、ガヴァネスであるジェインは、髪をまとめ、黒や灰色を基調とした服装で、飾り気はまったくありません。その一方で、内に熱い思いを秘め、己の意志を貫く、強い女性として描かれています。文学作品の原作とこれらをもとにした映像は、個人的には異なる作品だと感じますが、当時の状況を知る（想像する）上で、映像作品に触れることはとても楽しい経験だと思います。

　『ジェイン・エア』は舞台化されたこともあり、一時期ブロードウェイで大当たりのミュージカルになりました。日本では2009年に松たか子さんが、2023年に上白石萌音さんと屋比久知奈さん（ダブルキャスト）が、ジェイン役をつとめています。当初私は、『ジェイン・エア』がミュージカルになることが想像できず、いったいどこに歌が入るのだろうと興味津々で見に行きました。はたして、俳優さんたちの演技や歌声とオーケストラが一体化して、時には情熱的、時には恐ろしく、そして甘美な感動作でした。

（髙橋和子）

Lesson
4

Lesson 1

Lesson 2

Lesson 3

Lesson 4

Lesson 5

Lesson 6

Lesson 7

Lesson 8

Lesson 9

Lesson 10

エミリー・ブロンテ

『嵐が丘』

Emily Brontë
Wuthering Heights

I *am* Heathcliff.

「私はヒースクリフそのものなの」

エミリー・ブロンテ

『嵐が丘』(1847年)

Emily Brontë

Wuthering Heights

愛と復讐の物語として、現在も広く読み継がれている『嵐が丘』。
ブロンテ一家が暮らしたヨークシャー州ハワースの荒々しい自然が作者の
想像力をかき立て、創作の源になりました。

エミリー・ブロンテ (1818-48) は、1818年、ヨークシャー州の
ソーントンで生まれました。パトリック・ブロンテとマリ
ア・ブランウェルの六人の子どもたち (長女マリア、次女
エリザベス、三女シャーロット、長男ブランウェル、四女
エミリー、五女アン) の中で、エミリーは五番目の子どもです。Lesson 3
で扱ったシャーロット・ブロンテは、彼女の姉にあたります。1821年に母
親が死去、1825年には長女と次女が、相次いで病死します。残された
シャーロット、ブランウェル、エミリー、アンは、早い時期から詩や物語の
創作に励み、絵を描く才能にも恵まれました。父親のパトリックは、ケン
ブリッジ大学卒業後に牧師になりましたが、イギリスを代表するロマン派
詩人であるワーズワースの詩をはじめとする文学作品を深く愛し、自然に
心を惹かれ、我が子に豊かな教育を施したことで知られています。子ども
たちの文学的才能が開花するきっかけを与えたのもパトリックであり、
1826年に彼が出張先から土産として持ち帰ったおもちゃの兵隊は、子ども

たちの文学的な創作の原点になりました。ブロンテ家の子どもたちは、こ
れら兵隊に名前を付け、独自の劇を作り、やがてエミリーとアンは想像上
の「ゴンダル」王国の物語を、シャーロットとブランウェルは「アングリ
ア」王国の物語を、それぞれ紡いでいったのです。エミリーは「ゴンダル」
王国をもとに多くの詩も書きました。

　エミリーは、姉シャーロットとは背格好も、性格もずいぶん異なってい
たようです。小柄なシャーロットに比べて、エミリーは大柄で、因習に縛
られず、独自の世界観を持っていたと言われています。ハワースの荒野を
こよなく愛し、この地を離れることを望まず、家族のために家の中の仕事
を引き受けていました。このようなエミリーに、父親同様に影響を与えた
のは、1825年から30年以上もブロンテ一家の世話をした、タビサ・アーク
ロイドです。ヨークシャー出身の彼女は、料理やこまごまとした家事を担
うかたわら、ヨークシャー近辺に伝わる物語や、方言、人々の暮らしを
語ってくれました。タビサは『嵐が丘』で語り手をつとめる、ネリーのモデ
ルと言われています。

　1846年、姉のシャーロットと妹のアンとともに書いた『カラー、エリス、
アクトン・ベルの詩集』（*Poems by Currer, Ellis, and Acton Bell*）を出版。
1847年、シャーロットの『ジェイン・エア』がベストセラーになった同年、
その人気に後押しされて、エミリーの『嵐が丘』とアンの『アグネス・グレ
イ』（*Agnes Grey*）が出版されました。『嵐が丘』に対する当時の読者の反応
は、批判的な意見が大半でした。当時（ヴィクトリア朝）は産業革命の影響
を受けて、政治・経済面で近代化の波が押し寄せ、従来の階級秩序が揺ら
ぎ、新たな大衆社会が生まれ、これまで文学とは縁のなかった庶民たちが
読者層に加わりました。ヴィクトリア朝は、福音主義が浸透したことでも
知られています。このような時代に生きた読者は、先代の恩を忘れて、己

の欲望を満たすために執拗に復讐を繰り返すヒースクリフを許せなかった
に違いありません。また、従順さや貞淑さを持たず、自己主張を繰り返す
キャサリンのような女性も許しがたかったことでしょう。それでも『嵐が
丘』は、英文学史の中で異色の傑作と評価されてきました。この作品では、
ヨークシャーの荒野を背景として、恐ろしいまでの人間の情念が描かれ、
生死の境を超えた魂の一体化が追求されています。技法面でも工夫が見ら
れ、ロックウッドの語りの中に、ネリーの語りが組み込まれた「入れ子式」
の語りが用いられ、激しい愛憎劇の外枠を囲う形式になっています。

　エミリーの晩年は、ブロンテ一家にとって明るいものではありませんで
した。1848年、酒や薬物におぼれて錯乱状態になった兄ブランウェルの死
後、まもなくエミリーも死去しました。彼女は、病にかかり危篤状態に
なっても、最後まで医者の診察を拒んだといいます。翌1849年、エミリー
の最愛の妹アンもあとを追うように亡くなりました（ブロンテ姉妹につい
ては、Lesson 3もご参照ください）。

全体のあらすじと名場面

　物語は、「私」ロックウッドが、スラッシュクロス・グレンジ（Thrushcross
Grange）邸を借りようとして、家主ヒースクリフのもとを訪れたところ
から始まります。嵐が丘（Wuthering Heights）と呼ばれる屋敷に住む
ヒースクリフは、愛想が悪く、同居人たちも不機嫌で、平穏とはとても言
えない様子です。「私」は、嵐が丘、スラッシュクロス・グレンジ邸をめぐ
る人々の話を、家政婦ネリーから次のように聞きました。
　昔、嵐が丘にはアーンショー夫妻とその子どもたち（ヒンドリーとキャ

サリン）が住んでいました。ある日、アーンショー氏は旅先から孤児を連れ帰り、ヒースクリフと名付けて我が子のようにかわいがります。やがてキャサリンは、彼と仲良くなりますが、ヒンドリーは彼を毛嫌いします。アーンショー夫妻の死後、家督を継いだヒンドリーは、ヒースクリフに対してひどい仕打ちをします。間もなく、キャサリンはスラッシュクロス・グレンジに住む、裕福なリントン家の息子・エドガーの求愛を受けます。彼女は、ヒースクリフをかけがえのない存在と感じながらも、エドガーとの結婚を決意します。ヒースクリフはそれを知って姿を消し、やがて大金持ちになって、戻ってきます。ここからヒースクリフの復讐が始まります。自分を痛めつけたヒンドリーへの復讐、キャサリンを自分から奪ったエドガーへの復讐が、世代を超えた周囲の人々を巻き込みながら実行されます。リントン夫人となったキャサリンは、ヒースクリフに再会しますが、やがて死亡します。彼女の死をヒースクリフは受け止めきれず、狂ったように苦しみますが、復讐の手を緩めることはありませんでした。復讐劇の結末はどうなったのかは、ぜひ同書を読んでご確認ください。

『嵐が丘』は登場人物が多く、混乱する恐れがありますので、あらかじめ人物相関図と、各人物の紹介を記します。

Lesson 4

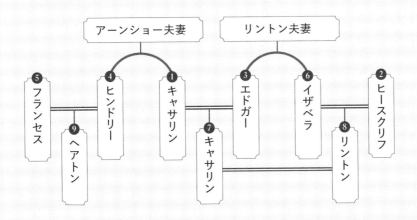

登場人物詳細

1. アーンショー家（嵐が丘）、リントン家（スラッシュクロス・グレンジ）
　をめぐる人々

❶キャサリン・アーンショー：愛称キャシー。ヒースクリフを深く愛すが、
　エドガーと結婚。病にかかり、娘キャサリン（❼）を出産した直後に死亡。

❷ヒースクリフ：先代アーンショーが、連れ帰った孤児。キャサリンを深
　く愛し、彼女とエドガーの結婚に絶望。ヒンドリーからひどい仕打ちを
　受け、のちに彼を破滅させて復讐。さらに、エドガーに復讐するため、彼
　の妹イザベラと愛のない結婚をし、リントン（❽）を産ませる。息子リン
　トンと、キャサリンの娘（❼）を結婚させる。

❸エドガー・リントン：キャサリンの夫。妹のイザベラ、娘のキャサリンの
　身に降りかかるヒースクリフの復讐に心を痛める。病死。

❹ヒンドリー・アーンショー：先代アーンショーの死後、家督を継ぎ、ヒー
　スクリフを残酷に扱う。のちにヒースクリフの手引きで、酒や賭博には
　まり、破滅。

❺フランセス・アーンショー：ヒンドリーの妻。ヘアトンを出産。病死。

❻イザベラ・リントン：エドガーの妹。周囲の反対に背いて、ヒースクリフ
　と駆け落ち。ヒースクリフからひどい仕打ちを受け、逃げ出したあと、
　息子リントンを出産。

❼キャサリン・リントン：キャサリン（❶）の娘。愛称キャシー。ヒースク
　リフの手引きで、リントン（❽）と無理やり結婚させられる。

❽リントン・ヒースクリフ：ヒースクリフとイザベラの息子。嵐が丘の
　主になったヒースクリフが引き取る。キャサリン（❶）の娘キャサリン
　（❼）と結婚後、死亡。

❾ヘアトン・アーンショー：ヒンドリーとフランセスの子ども。アーン
　ショー家の血筋最後の子ども。ヒースクリフが乗っ取った嵐が丘で、使用
　人のように扱われる。ヒースクリフの死後、キャサリン（❼）と仲良くなる。

2. 語り手

- エレン・ディーン：元嵐が丘の家政婦。キャサリン（❶）がリントン家に嫁いだ際に、スラッシュクロス・グレンジの家政婦になる。愛称ネリー。ロックウッドに、これまでに起こった話を聞かせる。
- ロックウッド：スラッシュクロス・グレンジを借りることになった男。嵐が丘で、ヒースクリフ、キャサリン（❼）、ヘアトンと会う。

ᕯ 名場面 ᕯ

引用箇所は、キャサリンが、エドガーに求婚されて、これを受け入れたのちに、ネリーに結婚について打ち明ける場面です。ネリーは、幼いヘアトンを抱きながらキャサリンの話を聞きます。このとき、二人の話をヒースクリフが部屋の隅で聞いています。ネリーは、途中で彼の存在に気づきますが、キャサリンは気づかぬまま、話を続けます。ヒースクリフが静かに立ち去ったあと、キャサリンは、自分にとって彼が特別な存在であることを打ち明けます。地の文（会話以外の叙述部分）における「私」は、ネリー（またはエレン）を指します。

「ど うして？」彼女［キャサリン］は、不安そうに見まわしました。「［使用人の］ジョセフがやってきます」と、彼の荷車が近づく音をうまい具合に聞きつけて、私はそう答えました。「ヒースクリフも、一緒に来るでしょうよ。もうすでに、戸口にいたかもしれませんよ」

「まあ、彼は戸口のところで、盗み聞きしたはずなんかないわ！」と彼女は言いました。「夕飯を作っている間、ヘアトンを私に渡してちょうだい。夕飯ができたら、一緒に食べましょう。この胸騒ぎを何とか紛らわせたいわ。ヒースクリフは、今私が言ったことなんてわからないと信じたいの。ねえ、そうでしょう？ 彼は、愛することがどんなことかなんて、知らないわよね？」

「彼は、愛することを知らないはずだとは言い切れないでしょう。それはあなたと同じことですよ」私は言い返しました。「そして、もし彼の愛する人がほかならぬあなたならば、彼ほど不運な人間はいません！ あなたがリントン夫人になったとたん、ヒースクリフは、友だちも愛も、何もかもなくしてしまうのですよ！ あなたは、考えてみたことがありますか？ 彼と離れ離れになってどうやって我慢するのか、ヒースクリフがこの世界で

見捨てられて、どうやって耐えるのか？　というのは、キャサリン——」

「彼が見捨てられるですって！　私たちが離れ離れになるですって！」彼女は憤慨して叫びました。「ねえ、誰が私たちを引き離すの？　そんなことをする人間は、［たとえどんなに強くても、最期は］ミロみたいに悲惨な目に遭うわ！　私の命があるかぎり、私たちは離れないわ、エレン——この世の誰のためにだって、私たちは別れない。私にヒースクリフを捨てさせようなんてしたら、リントン家は一人残らずこの世から消えてしまうでしょうよ。いやよ、私は、そんなこと思ってやしない。そんなつもりはないの！　もしも、そんな代償を払わなければならないなら、私はリントン夫人なんかにならない！　ヒースクリフはこれからも、私には大切な人なの。エドガーは、ヒースクリフを嫌ったりしないで、せめて我慢しなければならないわ。私の本心がわかったら、エドガーはそうすると思うわ。ネリー、私にはお見通しよ。私のことを恥知らずだと思っているでしょ。でも、考えてみたことはない？　もしヒースクリフと私が結婚すれば、物乞いになるばかりよ。でも、もし私がリントンと結婚したら、私はヒースクリフが立派になれるように助けて、兄の力が及ばない立場に置いてやることができるわ」

　「ご主人のお金を使ってですか、キャサリン？」私は尋ねました。「あの方は、あなたが当てにするほど、言いなりにはならないでしょうね。私は、あれこれ批判したくありませんけれど、いろいろ聞いてきたリントン家の若奥様になる動機の中で、それは最悪です」

　「最悪じゃないわ」彼女は言い返しました。「最善よ！　ほかの動機は、私の気まぐれを満足させるか、エドガーを満足させるかよ。私が今言った動機は、私のエドガーに対する感情と、私自身への感情を、十分に理解している人のための動機だわ。私、うまく言い表すことができない。けれども、あなただって誰だって、自分を超えたところにも、自分という存在がある、あるはずだ、と考えているでしょう。もしも、私が自分自身の中だけで完結しているとしたら、神様が造ってくださった私という存在に何の意味があるの？　この世における私の大きな苦しみは、ヒースクリフの苦しみだったし、最初からその苦しみの一つ一つをじっと見つめて、感じ取ってきたわ。私が、生きている中でいつでも考えているのは、彼のことなの。もしほかのすべてが消え去って、彼だけが残ったとしたら、私は存在し続けるでしょう。でも、ほかのものすべてが残って、彼が消え去ったとした

ら、全宇宙は私にとって何の縁もないものに変わってしまうでしょう。自分がその［宇宙の］一部だとは感じられないでしょうね。リントンに対する私の愛は、森の木々の葉っぱのようなものなの。時間がたてば変わるのは自分でもわかっているの。まるで冬に木々が姿を変えるようにね──ヒースクリフに対する私の愛は、永遠に地下に埋まっている岩のように──見て楽しみを与えてくれるようなものではないけれど、なくてはならないもの。ネリー、私はヒースクリフそのものなの──彼はいつも、いつも私の心の中にいる──私が私自身にとっていつも喜ばしい存在でないのと同じように、彼は喜ばしい存在ではないけれども──私自身としてね──だから私たちが別れるなんて二度と言わないで──現実的ではないし、それに──」

　彼女はそこで話を止めて、私のガウンのひだに顔を埋めました。けれども、私はガウンを力まかせにぐいと引き離しました。彼女の愚かな振る舞いに耐えられなかったからです！

（第1巻　第9章）

'Why?' she asked, gazing nervously round.
'Joseph is here,' I answered, catching, opportunely, the roll of his cartwheels up the road; 'and Heathcliff will come in with him. I'm not sure whether he were not at the door this moment.'

'Oh, he couldn't overhear me at the door!' said she. 'Give me Hareton, while you get the supper, and when it is ready ask me to sup with you. I want to cheat my uncomfortable conscience, and be convinced that Heathcliff has no notion of these things—he has not, has he? He does not know what being in love is?'

'I see no reason that he should not know, as well as you,' I returned; 'and if *you* are his choice, he'll be the most unfortunate creature that ever was born! As soon as you become Mrs Linton, he loses friend, and love, and all! Have

Words & Phrases

opportunely: ちょうどよいときに　**cartwheel(s):** 荷車の車輪
overhear: (人の話を) 立ち聞きする、盗み聞きする
sup: 夕食を取る　**cheat:** (悲しみなどを) 紛らす
conscience: 「良心、善悪の観念」。キャサリンは、引用した原文の直前の場面でヒースクリフがそばで聞いていることに気づかずに「今、ヒースクリフと結婚したら、私の品位を落とすことになる」(**It would degrade me to marry Heathcliff, now**) と言う。彼女はこの言葉を振り返って良心の呵責を感じ、胸騒ぎを覚えている
has no notion of ... : 「…を知っている」の意の **has (have) notion of ...** の否定形
in love: 愛している　**I see no reason that ... :** …という理由がわからない
choice: 選ばれた人　**creature:** (愛情、同情などの形容詞を伴って) 人

you considered how you'll bear the separation, and how he'll bear to be quite deserted in the world? Because, Miss Catherine—'

'He quite deserted! we separated!' she exclaimed, with an accent of indignation. 'Who is to separate us, pray? They'll meet the fate of Milo! Not as long as I live, Ellen—for no mortal creature. Every Linton on the face of the earth might melt into nothing, before I could consent to forsake Heathcliff. Oh, that's not what I intend—that's not what I mean! I shouldn't be Mrs Linton were such a price demanded! He'll be as much to me as he has been all his lifetime. Edgar must shake off his antipathy, and tolerate him, at least. He will when he learns my true feelings towards him. Nelly, I see now, you think me a selfish wretch, but, did it never strike you that, if Heathcliff and I married, we should be beggars?

Lesson 4

deserted:「(人を) 見放す、見捨てる」の意の動詞desertの過去分詞形
exclaimed: (怒り、驚きなどで) 叫んだ
indignation: 憤慨、憤り
consent to ... : …することに同意する　price: 代償、代価
much:「大した値打ちのある」。品詞は形容詞　antipathy: 反感、嫌悪
tolerate: (嫌悪を持たずに) 耐える、我慢する
Nelly: Ellenの愛称。原文では、NellyとEllenが併用されている。Nellyは、Eleanor
やHelenの愛称としても使用される
wretch: 恥知らず

whereas, if I marry Linton, I can aid Heathcliff to rise, and place him out of my brother's power.'

'With your husband's money, Miss Catherine?' I asked. 'You'll find him not so pliable as you calculate upon: and, though I'm hardly a judge, I think that's the worst motive you've given yet for being the wife of young Linton.'

'It is not,' retorted she, 'it is the best! The others were the satisfaction of my whims; and for Edgar's sake, too, to satisfy him. This is for the sake of one who comprehends in his person my feelings to Edgar and myself. I cannot express it; but surely you and every body have a notion that there is, or should be, an existence of yours beyond you. What were the use of my creation if I were entirely contained here? My great miseries in this world have been Heathcliff's miseries, and I watched and felt each from the beginning; my great thought

9

Words & Phrases

aid ... to ~ : …が～することを手助けする　pliable: 言いなりになる、融通が利く
whim(s): 気まぐれな思いつき
in his person: 「自分で、自ら」。古い使い方で、現在ではin personを使う。hisは特
定の人物を指しているのではなく、文章前半のone（一般の人を表す堅い言い方）を指す
every body: 原文では、二語でつづっているが、現在は一般的にはeverybodyと一
語でつづる
have a notion that ... : …という考えを持つ
my creation: 神様が、私を創造されたこと
miseries:「苦しみ、苦悩」の意のmiseryの複数形。同じ文章後半のeachは、misery
の一つ一つを指す

in living is himself. If all else perished, and *he* remained, I should still continue to be; and, if all else remained, and he were annihilated, the Universe would turn to a mighty stranger. I should not seem a part of it. My love for Linton is like the foliage in the woods. Time will change it, I'm well aware, as winter changes the trees—my love for Heathcliff resembles the eternal rocks beneath—a source of little visible delight, but necessary. Nelly, I *am* Heathcliff—he's always, always in my mind—not as a pleasure, any more than I am always a pleasure to myself—but, as my own being—so, don't talk of our separation again—it is impracticable; and—'

She paused, and hid her face in the folds of my gown; but I jerked it forcibly away. I was out of patience with her folly!

(Volume 1, Chapter 9)

---

perished: 消え失せた
annihilated: 「消滅させる」の意の動詞annihilateの過去分詞形
mighty: 大いなる **foliage**: (草木の) 葉、群葉 **aware**: 気づいて (いる)
resemble(s): 似ている **impracticable**: 現実的でない、現実にはありえない
fold(s): ひだ **jerked**: ぐいと引っ張った **forcibly**: 力強く
patience: 忍耐 (力) **folly**: 愚かな振る舞い、愚行

この場面のキャサリンは、あふれる思いを抑えることなく、ネリーに自分の気持ち を何とか伝えようとしています。

省略形が多く、言葉を補いながら読む必要がある場面です。キャサリンはヒース クリフにどのような思いを抱いているのか、丁寧に読み取っていきましょう。

1 up the road

{ 解説 } 「道を通って」。up の品詞は、前置詞です。up the road to the door （道を通って、戸口のほうに向かって）と言葉を補うと、次の文章 とつながりやすくなるでしょう。

2 he couldn't overhear me

{ 解説 } 「彼は私が言ったことを、盗み聞きしたはずはない」の意味です。 この場合の couldn't は、can't（cannot）の過去形です。can't は 否定的推断を意味し、「～であるはずがない」と話し手が思っている場合に 使います。以下のように can't の代わりに couldn't を使うこともできます。

例 She looks very young. She couldn't be over fifty years old.
「彼女はとても若く見える。50歳を超えているはずがない」

3   if *you* are his choice, he'll be the most unfortunate creature that ever was born!

{ 解説 } 　if節の中の動詞（are）が現在形なので、これは仮定法の文ではな　く、**普通の条件文で、現実にありえる（しかし話し手からすると好ましくない）状況を想定しています**。youが斜体になっているのは、ほかならぬあなたが彼の好きな人（選んだ人）だとすれば、というようにyouを強調しているためです。

　if節の条件が満たされた場合、「彼（＝ヒースクリフ）は、かつてこの世に生まれた中でもっとも不運な生き物となるでしょう」ということですが、最上級の修飾を受けた名詞、あるいは強い限定が加わった名詞が先行詞となる場合、このように関係代名詞はthatになるのが基本です。

Lesson 4

4   'He quite deserted! we separated!' she exclaimed, with an accent of indignation.

{ 解説 } 　コンマの前までは、言葉を補うと 'He will be quite deserted! and we will be separated!' she exclaimedのようになるところですが、感情を込めるために、簡潔に言い表しています。with以下は、どのように叫んだのかを示し、「憤慨した口調で」となります。

5   Who is to separate us, pray? They'll meet the fate of Milo!

{ 解説 } is to の部分は、一つの助動詞に似た働きをすることが多い be to です。予定、運命、義務・命令（should に近い意味）、可能（can に近い意味。この意味のときは、be to ＋受動態が普通）、意志を表します。いずれも形式ばった用法です。この文では、予定の意味で使われていると思われます。**pray は、品詞は動詞、I pray の略で、「ねえ」と念を押す程度の意味。**例えば Let me be alone, pray.「ねえ、独りにさせて」のように用います。

　Milo はミロン、ミローンと訳すこともあります。紀元前 6 世紀のギリシャにいた力士で、その強さと力で有名でしたが、壮絶な最期を迎えたことでも知られています。彼がある森を通り抜けていたとき、木こりが裂きかけていた木の幹を見かけ、さらに裂こうとしたところ両手をはさまれ、オオカミに食い殺されたと伝えられています。キャサリンとヒースクリフの仲を引き裂こうとする者は、たとえどのような者であってもミロのような最期を迎えることになる、ということでしょう。

6   Not as long as I live, Ellen—for no mortal creature.

{ 解説 } 前半部は We will not be separated as long as I live, Ellen の省略形、ダッシュのあとは、「この世のいかなる人間のためにでも」の意。言葉を補って説明すれば、自分にとってヒースクリフ以上の人間はいないのだから、自分の前に誰が現れようと、誰のためだろうと、彼と別れることはない、ということです。

7 I shouldn't be Mrs Linton were such a price demanded!

{ 解説 } 条件節のifが省略されている仮定法過去の文章です。省略前の文章は、I shouldn't be Mrs Linton if such a price were demanded! となります。ifが省略されると、wereと主語の倒置が起こります。

8 did it never strike you that, if Heathcliff and I married, we should be beggars?

{ 解説 } itは形式主語で、真主語たるthat以下の名詞節を指します。strikeは「(考えが) 人の心に浮かぶ」の意味で、全体として、that以下のことがわからないのか、と聞いています。何がわからないかというと、if Heathcliff and I married「ヒースクリフと私が結婚したら」、we should be beggars「私たちが乞食になってしまうということが」となります。

9 my great thought in living is himself.

{ 解説 } 「私が、生きている中でいつでも考えているのは、彼のことです」。himselfは、再帰代名詞。再帰代名詞は①動詞の目的語や補語、②前置詞の目的語として用いられることが多い代名詞です。①の例は、日常会話でよく使われるPlease help yourself.「(食べ物などを) ご自由にお取りください」。②の例は、I looked at myself in the mirror.「私は鏡に映った自分を見つめた」。ここでは「彼のこと」という特殊な意味で用いられています。my great thought in living is about him と考えるとわかりやすいでしょう。

10

If all else perished, and *he* remained, I should still continue to be; and, if all else remained, and he were annihilated, the Universe would turn to a mighty stranger. I should not seem a part of it.

{ 解説 } 仮定法過去が二つ用いられています。

● 一つ目の仮定法

条件節

If all else perished, and *he* remained,

「もしほかのすべてが消え失せて、彼だけが残ったとしても」

帰結節

I should still continue to be;

「私は存在し続けるでしょう」

● 二つ目の仮定法

条件節

if all else remained, and he were annihilated,

「もしほかのすべてが残って、彼が消え去ったとしたら」

帰結節

the Universe would turn to a mighty stranger.

「全宇宙は、何の縁もないものに変わってしまうでしょう」

I should not seem a part of it

「自分がその一部には思えないでしょう」

　仮定法過去は、現実とは異なることを仮定する（反実仮想の）構文です。「If＋主語＋動詞の過去形，主語＋助動詞の過去形（would, could, might, should）＋動詞の原形」という形です。意味は「もし…ならば、〜だろうに」となります。例えば、If it were sunny today, I would go to the beach.「もし今日晴れていれば、私は海に行っただろうに」のような構文です。仮定法過去の場合、if節内のbe動詞はwereになるのが基本です。

　帰結節で使われる助動詞は主に would ですが、キャサリンが使っている仮定法の帰結節のように、主語が一人称の場合は should を使うこともできます。

　また、「…かもしれない」という意味を含めたい場合は might が、「…できる」という意味を含めたい場合は could がそれぞれ用いられます。

例 If she had enough time, she might come to see us.
　「もしも彼女に十分な時間があれば、私たちに会いに来るかもしれないのに」

　If I had wings, I could fly to you.
　「もしも私に翼があれば、あなたのところに飛んでいくことができるのに」

11 Time will change it, I'm well aware, as winter changes the trees

{ 解説 } もとはI'm well aware (that) time will change it as winter changes the trees という文だと考えるとわかりやすいです。このI'm well awareの部分が、文の途中に挿入されています。itは前の文のMy love for Lintonを指します。

12 my love for Heathcliff resembles the eternal rocks beneath—a source of little visible delight, but necessary.

{ 解説 } リントンに対する愛と、ヒースクリフに対する愛を比較しています。my love for Heathcliff resembles the eternal rocks beneath「ヒースクリフに対する私の愛は、永遠に地下に埋まっている岩に似ている」。ダッシュ以下は、my love for Heathcliffに説明を加えています。a source of little visible delight, but necessary「視覚的にはほとんど楽しみを与えてくれるようなものではないが、そこになくてはならないもの」だと言うのです。

13 he's always, always in my mind—not as a pleasure, any more than I am always a pleasure to myself—but, as my own being

解説　he's always, always in my mind「彼はいつも、いつも私の心の中にいる」と言ったあとで、ダッシュ以下で、Heathcliffが自分にとってどのような存在なのかを説明しています。**not A but Bの構文**が使われています。not as a pleasure ... but, as my own being「喜ばしいものとしてではなく…私自身として」です。途中の any more than I am always a pleasure to myself も、最初のnotと呼応しています。not ... any more than A is B は、「AがBでないのと同様に…でない」の意味。つまり、自分自身が自分にとって快楽の対象ではないように、ヒースクリフも快楽の対象ではない、と言っているのです。この部分の関係を図示すると、下記のようになります。

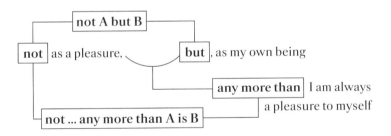

not ... any more than A is B（＝ no more ... than A is B）は、受験英語で丸暗記をした読者も多いと思います。**いわゆるクジラの公式**（「クジラが魚でないのは、馬が魚でないのと同じである」）です。

A whale is <u>not</u> a fish <u>any more than</u> a horse is.
= A whale is <u>no more</u> a fish <u>than</u> a horse is.

I *am* Heathcliff.

「私はヒースクリフそのものなの」

　I *am* Heathcliff. は、キャサリンとヒースクリフの深い結びつきを示す台詞として、『嵐が丘』の中でもとくに有名です。ネリーは、キャサリンがエドガーの求婚を受け入れたことを知り、批判的な態度を取ります。エドガーと結婚することは、彼女がヒースクリフを捨てることになるからです。一方キャサリンは、自分自身は、ヒースクリフの中にも存在すると感じています。たとえエドガーと結婚しても、ヒースクリフが孤独になることはなく、**キャサリンとヒースクリフはいつまでも一心同体だと信じる**のです。決して自分はヒースクリフと離れることはないのだと主張します。

I *am* Heathcliff.

　I *am* Heathcliff. は、主語（S）＋ be 動詞（V）＋補語（C）のいわゆる第二文型です。この文型は、主語がどうなのか・何なのかを示します。補語は、主語＋動詞だけでは意味が不完全な場合に、情報を補う語（句）です。

　am が斜体（italic）になっている理由は、この部分を強調して強く発音することを示します。それによって、**「私こそ、まさに」という特別な意味合い**が付与されます。「A は B である」という意味を表す第二文型において、A と B の価値が等しいことを強調するためには、be 動詞の部分を強く発音します。

キャサリンとヒースクリフの関係

　キャサリンとエドガーの関係は時間がたてば変化してしまう儚い関係です。キャサリンは、エドガーとの関係を「森の木々の葉っぱのようなもの」(the foliage in the woods) に例えています。一方、ヒースクリフとの愛は「永遠に地下に埋まっている岩」(the eternal rocks beneath) だと言うのです。I *am* Heathcliff. は、短い文章であるものの、彼女とヒースクリフの関係を集約した言葉と言えるでしょう。**二人の関係はロマンチックとは程遠く、壮絶で、時には恐ろしいほどです。**

　キャサリンがエドガーと結婚したあと、ヒースクリフが突然姿を現しますが、喜びも束の間、病に伏した彼女は「彼［ヒースクリフ］を墓まで連れていく——彼は私の魂の中にいる」([I shall] take him with me—he's in my soul) (第2巻 第1章) とネリーに言います。その後キャサリンは、娘を出産して亡くなりますが、ヒースクリフは「私の命［キャサリン］なしには生きていけない！　魂なしには生きていけない！」(I *cannot* live without my life! I *cannot* live without my soul!) と叫ぶのです (第2巻 第2章)。

　文法的には I *am* Heathcliff. は第二文型 (SVC) で S = C (Catherine =Heathcliff) が成り立ち、二人は等しい関係だと言えます。**二人は、生死の境界を超えて魂が一体化するほどの強く激しい関係を求めていた**と言えるでしょう。

アナログとデジタル
——どちらで読む？　文学作品

　今回、皆さんに読んでいただいたテクストは、Penguin Booksの
ペーパーバック版から引用しました。一昔前ならば、文学作品を読む
際は、原作のペーパーバック版（薄めの紙の表紙が付いた本）か、ハー
ドカバー版（堅い紙の表紙が付いた本）のどちらかでした。一方、いま
や、原作の電子書籍が、手軽に入手できるようになりました。

　多様な電子書籍を所蔵していることで知られるのは、プロジェク
ト・グーテンベルク（Project Gutenberg）です。同プロジェクトは、
カズオ・イシグロのように、出版年が比較的新しい作品は所蔵してい
ませんが、アメリカ著作権法下で著作権の切れた作品を集めてイン
ターネット上で公開しています。オースティン、ディケンズ、ブロン
テ姉妹、ハーディ、コンラッド、モーム、E. M. フォースター、ウルフ
など、本書で取り上げている作品の多くは、ここで入手可能です。プ
ロジェクト・グーテンベルクは基本的に無料ですが、無料にこだわら
なければ、通信販売サイトを通しても、新旧多様な電子書籍を簡単に
入手できます。

　電子書籍の良さは、端末を持っていれば、重い本を運ぶ必要はなく、
いつでもどこでも作品が読める点です。辞書の機能を使えば、わから
ない単語を即座に調べられます。どのような語彙・表現が、どの程度

用いられているのかなど、瞬時に検索可能な点も魅力でしょう。文字
の拡大や、画面の明るさ調整など、至れり尽くせりの機能が使える場
合もあります。

　それならば、文学作品を読むときは紙媒体のテクストではなく、い
つでもデジタル版を選べばよいのでしょうか。神経科学者のメアリア
ン・ウルフは、さまざまな研究結果を踏まえて、「紙の本で読むこと」
は、「デジタル画面で読むこと」よりも、深く読む脳を育むと主張して
います。ウルフによると、デジタル画面で読む場合、アルファベット
の「F字型またはジグザグスタイル」で読む傾向があると言います。デ
ジタル画面では、画面上に並ぶ文字をざっとたどるだけで、飛ばし読
みをする場合が多いというのです。一方、紙の本で読む際は、立ち止
まったり、後戻りしたりしながら、時間をかけてじっくり吟味する姿
勢が生まれやすく、深い読みにつながると述べています。さらに彼女
は、読者がデジタル画面で読む傾向が高まると、作者はデジタル媒体
で読み（飛ばし）やすい、短い単純な文章を書くようになるのではな
いかと案じています。

　現在私は、研究書は電子書籍、文学作品は紙媒体と、使い分けるよ
うにしています。ところが、先日、つい魔が差してしまいました。カズ

オ・イシグロの新刊、『クララとお日さま』を、早く読みたくてデジタル版で買ってしまったのです。ゆっくり味わいながら読みたいのに、ほかの人はどのページに興味を持ったのか、わざわざ教えてくれる表示が出て（この機能はオフにできることがあとからわかりました）、なんだか見張られながら本を読んでいるようで、落ち着きませんでした。せっかく読み終えても、電子書籍は「既読」の表示が付くだけで、悦に入って本棚に並べ、思い出したときにパラパラめくることもできないのです。

　昨今、検索エンジンを介して、インターネットからほしい情報が瞬時に入手可能になりました。ネット上の動画は、標準速度どころか1.5倍、2倍速以上で再生できるものもあり、若い人たちは「早送り」を好むと指摘する論評もあります。一方、すぐれた文学作品は、本来、「瞬時」や「倍速」という概念と対極にあります。作品のあらましだけを知りたいのであれば、たしかに「早送り（速読）」すればよいのですが、あらすじだけがわかっても、残念ながら作品を十分に理解したとは言えません。

　多くの文学作品は、用件を簡潔に伝達することだけを目指していません。文学作品に触れる際は、日頃の速度を落として、作者が発する思いをゆったりと受け止めたいものです。この点を踏まえると、文学作品を読むときは、電子書籍よりも、紙媒体のテクストに軍配を上げたいと思います。紙の質感を感じながらページをめくって読み進め、行きつ戻りつ考える、ゆっくりの速度が、私たちの慌ただしい生活にゆとりを与えてくれると感じます。

（髙橋和子）

Lesson
5

トマス・ハーディ

『ダーバヴィル家のテス』

Thomas Hardy

Tess of the D'Urbervilles

I don't want to go any further.

「もうこれより先には行きたくないわ」

トマス・ハーディ

『ダーバヴィル家のテス』(1891年)

Thomas Hardy

Tess of the D'Urbervilles

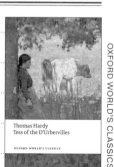

OXFORD WORLD'S CLASSICS

1891年当時すでに高名な小説家であったハーディのこの作品は、三たび出版を断られたのちにようやく日の目を見ました。
しかし読者からは温かく迎えられませんでした。ヴィクトリア朝の読者に衝撃を与えた物語とは、どのようなものでしょうか。

トマス・ハーディ（1840-1928）は、1840年、イギリス南部ドーセット州の州都ドーチェスターに近いハイヤー・ボッカンプトンという村に石工の息子として生まれました。建築の仕事をするかたわら、詩や随筆を書きはじめ、やがて小説の執筆を手がけるようになりました。1873年、のちに最初の妻となるエマ・ギフォードを主人公のモデルとする『青い眼』（*A Pair of Blue Eyes*；前年から雑誌連載されていたもの）を三巻本として刊行、1874年には、農場の若い女主人と二人の男性との恋愛関係を描いた『遥か群衆を離れて』（*Far from the Madding Crowd*）を発表しました。同年にエマをめとる頃には、ハーディはすでに小説家として生計を立てていました。1878年、パリから故郷の荒野に戻った青年とパリに憧れる女性の結婚の物語を中心とする悲劇的な小説『帰郷』（*The Return of the Native*）の連載と前後してロンドンに移り住みますが、1885年にドーチェスターの近くのマックス・ゲイ

トに自らの設計による家を建て、ふたたびドーセット州に戻りました。ドーチェスターは、彼の小説中に登場するカスターブリッジという町のモデルであると言われています。

　彼がドーセットに落ち着いてから書き上げた作品を紹介しておきましょう。『カスターブリッジの市長』(*The Mayor of Casterbridge*, 1886) は、若気の至りで酒に酔って妻子を船乗りに売り飛ばしてしまった男が市長にまで上り詰めたのちに没落し、過去を暴かれて孤独な死を迎える物語。そのような筋を考えると意外なことですが、日本の英語教育の現場で愛読された小説です。『森林地の人々』(*The Woodlanders*, 1887) は、男女の恋愛と結婚をめぐる森林地の人間関係を描いた作品。それに続く長編小説が、今回扱う『ダーバヴィル家のテス』と肉欲に負ける青年を描いた『日陰者ジュード』(*Jude the Obscure*, 1895) です。

　最後の二作は、今ではハーディの代表作と見なされています。いずれも筋書きが直線的ですっきりしており、また物語展開が劇的である点において、いくつもの逸話や伏線を結末に向かって撚り合わせていく伝統的イギリス小説に比べ、フランス小説のような仕立てになっています。これは、一つには、先述の『帰郷』の仕立てに明確に見られるとおり、フランス古典主義演劇の「三一致の法則」(一日のうちに、一つの場所で、単一の筋で劇が完結しなければならないとする原則) をハーディが意識していたためと考えられます。とはいえ、赤裸々な男女関係の描写を含む両作は当時の読者に酷評され、それ以後ハーディは小説の筆を折って、詩作に専念するようになります。ハーディ関連の文献や資料を読むかぎり、彼はかならずしも当時の倫理観を批判し、自らの筆でそれを打破しようとしたわけではなく、人間のありのままの姿を描こうとしていたようですが、その描写が時代に受け入れられなかったということなのでしょうか。両作品を冷視した

Lesson 5

ヴィクトリア朝の倫理観こそが、まさにそれぞれの主人公テスとジュード
を社会から放逐したと言えるのかもしれません。テスが最終的にたどり着
いたのがキリスト教に関連する場所ではなく、「異教徒の聖堂」であるとこ
ろも象徴的です。

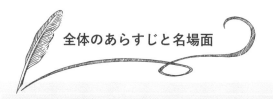

全体のあらすじと名場面

　　貧しい仲買運送人の長女テス・ダービフィールドは、一家の家計を支え
るため、遠い親戚筋に当たるダーバヴィル家で鶏の世話などをして働きま
すが、同家の放蕩息子アレックに再三にわたって言い寄られ、妊娠させら
れてしまいます。生まれた赤ん坊は死んでしまいますが、テスは、この過
去を隠し、別の土地で酪農婦として働きはじめます。そこに見習い農夫と
してやって来たのが教区司祭の息子エンジェル・クレアで、二人は恋に落
ち、結婚します。ところが、過去に関するテスの告白を聞いたエンジェル
はショックを受けて彼女との別離を決意し、ブラジルに渡って農業を始め
ます。失意のうちにふたたび農婦として働きはじめたテスの前に、改宗し
て福音伝道者となったアレックが現れ、またしてもしつこくテスにつきま
といます。そして、テスの父親の死によって家を追われることになった
ダービフィールド家の苦境につけ込んで、まんまと彼女を自分の愛人にし
てしまいます。

　　やがてブラジルでの事業に失敗したエンジェルがテスの愛の深さを悟っ
てイギリスに戻り、彼女に会いに行きます。エンジェルと再会し、その帰
還の遅すぎたことを伝えて一度は彼と別れたテスでしたが、衝動的にア
レックを刺し殺し、エンジェルのもとに走ります。数日にわたる束の間の

幸せな逃避行ののち、気がつくと、二人は荒野にそびえるストーンヘンジの下にいました。テスはそこで眠りに落ちます。しかし、逃避行はここで終わり、悲劇的な結末へと物語は収斂<ruby>しゅうれん</ruby>していきます。

《 名場面 》

引用箇所は、逃避行中のテスとエンジェル・クレアが、自分たちの目の前にある巨大な構造物に気づき、それがストーンヘンジであることを知る場面を描いています。

Lesson 5

空には雲が厚く垂れ込めていたけれども、部分的に見えている月が放つ光がこれまでわずかな頼りとなっていた。だが、いまや月は沈み、雲はほぼ二人の頭上に居座っており、夜の暗闇は洞窟の中のように深くなっていた。それでも、二人はなんとか先に進み、足音が響かぬよう、できるだけ草の上を歩くようにしたが、生垣や柵の類いのものがなかったため、それはたやすいことであった。あたりを取り巻くものは、がらんとした寂寞と暗黒の孤独のみであり、鋭い風が吹き渡っていた。

こうして二人が暗闇の中を探りながらさらに二、三マイル進むと、突然クレアは、何か巨大な構造物がすぐ目の前にあることに気がついた。草むらからまっすぐ上に伸びている。二人は、ほとんどそれにぶつかりそうになっていたのだ。

「この恐ろしい場所はなんだろう？」とエンジェルが言った。

「何かが唸っているわ」と彼女は言った。「ほら！」

彼は聞き耳を立てた。風がその大きな建築物にぶつかり、まるで弦が一本しかない巨大な竪琴が鳴っているかのように唸っていた。ほかの音はそこから聞こえず、クレアは、片手を上げながら一、二歩進み、その構造物の縦の表面に触れた。どうやら硬い石でできているらしく、つなぎ目も繰形もなかった。さらに指を先に送ってみると、自分が触っているものがとてつもなく大きな長方形の柱であることがわかった。左手を伸ばしてみると、隣接する同様の柱に触れることができた。はるか頭上にある何かが黒い空をさらに黒く染め上げていた。どうやら柱同士を横につなぐ巨大な台輪のようだ。二人は恐る恐るその下に入り込んだ。建造物の表面は二人の衣ずれの音を反響させていたが、それでも彼らは屋外にいるようであった。そ

の場所には屋根がないのだ。テスは怯えて息を呑み、エンジェルは困惑して言った——。

「これはいったい何だ？」

横のほうを探りながら、二人はさらに別の塔のような柱に出くわした。最初のものと同様、四角く厳然とそびえている。そしてその先にも一つ、さらにまた一つといった具合だ。場所全体が入口と柱から成り立っており、石柱の中には、一連の台輪で上部がつながれているものがあった。

「まさに風の神殿だ」彼は言った。

次の石柱はほかのものとは離れていた。三石塔（トリリトン）を構成している石もあれば、四輪馬車が通れるほど広い土手道のような面を上にして横たわっているものもある。そして、そこが広い草原に石柱が群を成して林立したような場所であることがわかってきた。二人はさらに闇夜をおさめたこの建造物の奥に入り、その真ん中に立った。

「ストーンヘンジだ！」とクレアが言った。

「異教徒の聖堂ってこと？」

「そうさ。世紀で計れないほど古い。ダーバヴィル家よりも古いよ！　さあ、どうしようか？　先に行けば、雨風がしのげる場所があるかもしれない」

だが、すでにぐったりと疲れきっていたテスは、近くに横たわっている横長の石の上に身を投げ、石柱で風をしのいでいた。前日の陽射しのおかげで、石は乾いて温かかった。スカートや靴を濡らしてきた、周りに荒々しく生い茂る冷たい草に比べれば、格別に心地よかった。

「もうこれ以上先に行きたくないわ、エンジェル」テスは彼の手を握ろうと手を差し伸べて言った。「ここに居てはだめ？」

（第58章）

下線部に気をつけながら読みましょう。

Though the sky was dense with cloud a diffused light from some fragment of a moon had hitherto helped them a little. But the moon had now sunk, the clouds seemed to settle almost on their heads, and the night grew as dark as a cave. However, they found their way along, keeping as much on the turf as possible that their tread might not resound, which it was easy to do, there being no hedge or fence of any kind. All around was open loneliness and black solitude, over which a stiff breeze blew.

They had proceeded thus gropingly two or three miles further when on a sudden Clare became conscious of some vast erection close in his front, rising sheer from the grass. They had almost struck themselves against it.

Words & Phrases

diffused: 発散した、放った　**hitherto:** ここまで　**turf:**（芝の生えている）草地
resound: 鳴り響く、反響する　**hedge:** 生垣、垣根　**solitude:** 孤独
stiff:（風などが）強い、鋭い
blew:「吹く」の意の動詞blowの過去形。活用は、blow-blew-blown
proceeded: 進んでいった
gropingly:「手探りするように」。「手探りする」の意の動詞gropeの現在分詞形に副詞を作る接尾辞の-lyがついた形
on a sudden:「突然」。all of a suddenの古い言い方
erection: 構造物、構造物　**sheer:** まっすぐ

'What monstrous place is this?' said Angel.

'It hums,' said she. 'Hearken!'

He listened. The wind, playing upon the edifice, produced a booming tune, like the note of some gigantic one-stringed harp. No other sound came from it, and lifting his hand and advancing a step or two, Clare felt the vertical surface of the structure. It seemed to be of solid stone, without joint or moulding. Carrying his fingers onward he found that what he had come in contact with was a colossal rectangular pillar; by stretching out his left hand he could feel a similar one adjoining. At an indefinite height overhead something made the black sky blacker, which had the semblance of a vast architrave uniting the pillars horizontally. They carefully entered beneath and between; the surfaces echoed

monstrous:「恐ろしい、途方もない」。monsterの派生語

hum(s):「唸る、ブンブン音を立てる」。カタカナ英語の「ハミング」は、この動名詞形

hearken:「耳を傾ける」の意の古い動詞。本文中では、命令形で用いられている

edifice: 大建築物

booming:「ブーンと唸る」の意の動詞boomの現在分詞が形容詞として定着したもの

vertical:「縦の、垂直方向の」。horizontalは「横の、水平方向の」

moulding:「繰形、モールディング」。壁面に施す帯状の装飾。アメリカ英語ではmoldingとつづる　colossal: 巨大な　rectangular: 長方形の　pillar: 柱

adjoining:「隣接する」の意の動詞adjoinの現在分詞形

indefinite: はっきりしない、不確定の　semblance: よく似たもの、類似

architrave: アーキトレーブ、（古典建築における）台輪（柱の上部をつなぐ横材）

their soft rustle; but they seemed to be still out of doors. The place was roofless. Tess drew her breath fearfully, and Angel, perplexed, said—

'What can it be?'

Feeling sideways they encountered another tower-like pillar, square and uncompromising as the first; beyond it another and another. The place was all doors and pillars, some connected above by continuous architraves.

'A very Temple of the Winds,' he said.

The next pillar was isolated; others composed a trilithon; others were prostrate, their flanks forming a causeway wide [5] enough for a carriage; and it was soon obvious that they made [6] up a forest of monoliths grouped upon the grassy expanse of the plain. The couple advanced further into this pavilion of the night till they stood in its midst.

Words & Phrases

rustle: 衣ずれの音　**perplexed**:「困惑させる」の意の動詞perplexの過去分詞形
uncompromising: 断固とした
isolated:「引き離す、独立させる」の意の動詞isolateの過去分詞形
composed: 構成していた
trilithon:「三石塔、トリリトン」。二本の石柱の上に横石を渡した先史時代の構造物
prostrate: 横たわった
flank(s):「横腹、側面」。ここでは横たわった石の上面を指している
causeway: 土手道　**carriage**: (とくに四輪の) 馬車
monolith(s): (一本の) 石柱　**pavilion**: (仮設の) 大きな構造物

'It is Stonehenge!' said Clare.

'The heathen temple, you mean?'

'Yes. Older than the centuries; older than the d'Urbervilles! Well, what shall we do, darling? We may find shelter further on.'

But Tess, really tired by this time, flung herself upon an oblong slab that lay close at hand, and was sheltered from the wind by a pillar. Owing to the action of the sun during the preceding day the stone was warm and dry, in comforting contrast to the rough and chill grass around, which had damped her skirts and shoes.

'I don't want to go any further, Angel,' she said stretching out her hand for his. 'Can't we bide here?'

(Chapter 58)

Lesson 5

Stonehenge: イングランド南部ウィルトシャー州の平原にある先史時代の巨石群遺跡
heathen: 異教（徒）の
flung: 「投げる、放り出す」の意の動詞flingの過去形。活用は、**fling-flung-flung**
oblong slab: 「長方形（横長）の石板」。横になった巨石の一つ
damped: 「湿らせる」の意の動詞dampの過去分詞形
bide: とどまる

逃避行の末、テスとエンジェルはストーンヘンジの下にいます。この劇的な名場面の英語をじっくりと味わってみましょう。

1

However, they found their way along, keeping as much on the turf as possible that their tread might not resound, which it was easy to do, there being no hedge or fence of any kind.

{ 解説 } 主節の主語はthey、述語動詞はfoundです。find one's wayは「(苦労しながら)進む」の意なので、they found their way alongは「二人はなんとか進んでいった」ということになります。

次のkeeping以下は「～しながら」の意味を表す**分詞構文**です。できるだけ草の上を歩いたというのですが、なぜそんなことをするかというと、(so) that ... may ~は、「…が～するように」を表す慣用表現で、ここでは時制が過去で否定形になっていますが、二人のtread「足音」がnot resound「反響しない」ように、ということです。

次のwhichは、前の節を先行詞とする非制限用法の関係代名詞で、doが表しているものを文法的に説明すれば、find their way along, keeping ... resound全体ですが、意味的には、できるだけ足音が立たないように草の上を進む、ということになります。なぜそれができたかというと、その理由を表すのがthere being no hedge or fence of any kind「垣根や柵のようなものがなかったので」となります。この部分は、**理由を表す独立分詞構文**で、これも厳密に文法的なことを言えば、thereは副詞であって、意味上の主語はno以下なのですが、この箇所でもそうであるように、there is構文のthereが主語のような振る舞いを見せることがあります。

2

They had proceeded thus gropingly two or three miles further when on a sudden Clare became conscious of some vast erection close in his front, rising sheer from the grass.

{ 解説 }　whenの前後で二つに分けて考えましょう。

　まず、They had proceeded thus gropingly two or three miles「こうして二人が暗闇の中を探りながらさらに二、三マイル進んだ」までは問題ないでしょう。thus「こうして」、gropingly「手探りをするように」は、そこまでの文脈を引き継いでいます。過去完了形も、「それまでに〜していた」の意味合いを表しています。二人は暗闇の中を進んできていたのです。区切れ目のwhenは、「〜するとき」を表す従属接続詞ですが、ここでは、whenの節からその前の主節に掛けるより、そこまでの主節の部分から、**「そのとき」とwhenの節につなげるほうが意味的に自然です。**

　すなわち、そこまで暗い中を進んできたとき、on a sudden「突然」と続きます。Clare became conscious of ...「クレアは…に気がついた」のですが、何に気がついたかというと、some vast erection「何か巨大な建造物」。**ここでのsomeは「いくつかの」ではなく、「何かの」の意味です。**続くclose in his front「すぐ前に」、rising sheer from the grass「草むらからまっすぐに伸びて」は、いずれもその建造物を修飾しています。

3 Carrying his fingers onward he found that what he had come in contact with was a colossal rectangular pillar

{ 解説 } Carrying his fingers onwardの部分は**分詞構文**で、学校文法では
ここでコンマを入れて区切るのが普通です。Carryingの意味上の
主語は続く主節の主語たるheで、「指をさらに先に伸ばして」となり、主
節に続きます。

主節の部分は、次のような構造になっています。

he   found   that
（主語）（述語動詞）（目的語としての節を導く接続詞）

[what he had ... with] was [a colossal rectangular pillar]
（主語）   （述語動詞）   （補語）

このうち、what he had come in contact withの部分が少々厄介なので
解説をしておきましょう。冒頭のwhatは「（〜する）もの」の意の関係代
名詞ですから、ここでのcome（過去分詞）in contact withをほぼ同意の
touchedに置き換えると、what he had touched「彼が触れ（てい）たもの」
となります。手を伸ばしたら、ストーンヘンジの巨石に触れたことになり
ます。

4 **At an indefinite height overhead something made the black sky blacker, which had the semblance of a vast architrave uniting the pillars horizontally.**

{ 解説 } まず、At an indefinite height overhead「はるか（無限の）頭上では」という副詞句（言語学的には、前置詞atに導かれているという意味で「前置詞句」）までは問題ないでしょう。

　次のsomethingがこの文の主語です。頭上にある何かがmade the black sky blacker「黒い空をさらに黒くしていた」というのです。色を表す形容詞の比較級は見慣れないかもしれませんが、His face grew redder「彼の顔はさらに赤くなった」というような形で出てくることもあります。ただし、黒がさらに黒くなるというのは、あまり聞きませんね。もちろん、ただでさえ真っ暗な空の中に、ひときわ黒い部分が見えたということですから、状況的には十分に意味を成します。

　コンマのあとのwhichは**典型的な非制限用法の関係代名詞**で、先行詞はsomethingです。頭上にある「何か」がhad the semblance of ...「…に似ていた」、何に似ていたかというと、a vast architrave uniting the pillars horizontally「柱同士を水平につなぐ巨大な台輪」となります。

5 others were prostrate, their flanks forming a causeway wide enough for a carriage

{ 解説 } others were prostrate「ほかのもの（＝巨石）は横になっていた」の部分が主節です。それに続く部分は、their flanks「それらの上面が」、forming a causeway「土手道を構成する形で」という、**付帯状況を表す独立分詞構文**になっています。wide enough for a carriage「（四輪）馬車が通れるほど十分に広い」は、causewayをうしろから修飾しています。

6 it was soon obvious that they made up a forest of monoliths grouped upon the grassy expanse of the plain

{ 解説 } it was soon obviousは「すぐに明らかになった」の意。**itは形式主語で、何が明らかになったかを示す真主語がthat以下です。**そこが大きく二つの部分に分かれます。まず、they made up a forest of monolithsは、直訳すれば「それら（＝巨石）が石柱の林を構成していた」ということです。それでその石柱がどういう形で林を構成しているかというと、grouped upon the grassy expanse of the plain「平原の草の広がりの上に群を成して」となります。groupedはmonolithsを修飾する過去分詞です。

7 But Tess, really tired by this time, flung herself upon an oblong slab that lay close at hand, and was sheltered from the wind by a pillar.

{ 解説 } But に続く部分の核になるのは、Tess ... flung herself upon an oblong slab ... and was sheltered from the wind by a pillar の部分です。直訳すれば、「テスは…横長の石板の上に自分自身を投げ出し…石柱によって風から守られた」となります。途中にテスの状態を示す really tired by this time「このときまでにすっかり疲れていたので」という分詞構文と、an oblong slab を修飾する that lay close at hand「近くに横たわった」(ここでの lay は lie「横たわる」の過去形) という関係節が挿入されています。

Lesson 5

in comforting contrast to the rough and chill grass around, which had damped her skirts and shoes

{ 解説 } 直前の the stone was warm and dry をさらに説明している句。in contrast to ... は「…と対照的に」の意味を表す慣用表現です。直後の the rough and chill grass around「周りの荒くて冷たい草」と対照的に、石が温かったということですが、その温かさが草地に比べて気持ちがよかったため、comforting「慰めになる」(comfort「慰める」の意の動詞の現在分詞形が形容詞として定着したもの)の一語で contrast を修飾し、その違いを表現しています。

　which 以下は直前の the rough and chill grass around を修飾する関係節です。物語中の現在の出来事は過去形で語られます。これは、何かがすでに起こったことを前提とする語りの慣例で「昔々あるところにお爺さんとお婆さんが住んでいました」などは、その典型例です。なので、今の時点に至るまで「彼女のスカートと靴を湿らせてきた」という事実は、過去完了形で語られています。

9 she said stretching out her hand for his

{ 解説 } said と stretching の間にコンマを補って考えれば、stretching out her hand for his が「彼の手のほうに片手を差し伸べながら」の意味の分詞構文であることがわかりやすくなります。

I don't want to go any further.

「もうこれより先には行きたくないわ」

　愛するエンジェルと再会し、ようやく二人きりになったとき、皮肉にもテスは殺人犯として追われる身となっていました。数日間の幸せな逃避行ののち、二人はいつの間にかストーンヘンジを前にしています。もう少し遠くに逃げて雨風をしのげる場所を探そうと促すエンジェルに、彼女はI don't want to go any further. と答えるのです。この言葉には、「疲れていてこれ以上遠くに行けない」という意味のほかに、「**もう思い残すことはない。あなたと二人きりのこの荒野で死にたい**」というテスの思いが込められているかのようです。

any

　notと一緒に用いられて、「少しも…ない」という意味の否定文を作ります。また、not＋anyで、ほぼnoと等しい意味になることも覚えておいていいでしょう。ただし、not＋anyを使った表現のほうが、noを使った表現よりもやや口語的です。なお、本文でのanyは、furtherを修飾する副詞です。

further

　副詞のfar「遠くに、はるかに」の比較級。形容詞と副詞のfarには、farther-farthest、further-furthestという二種類の比較級・最上級があります。昔は、far-farther-farthestの形は「距離」を示すときに、far-further-furthestの形は「程度」を示すときに用いるとされていましたが、最近では、この使い分けはあまり厳密ではなくなってきています。ちなみに、

版によっては、furtherがfartherになっているものもあります。

ストーンヘンジの謎

　本作のクライマックスの舞台となるストーンヘンジ。なぜテスはこの場所で眠りにつくのでしょうか。もちろんハーディの作意を言い当てることはできませんし、そもそもストーンヘンジが何のために建造されたのかもわかっていません。ただし、古代の祭祀に用いられていたとする有力な説に従うとすれば、**古代の宗教とヴィクトリア朝の倫理観において支配的であったキリスト教との対照**は、この場面を読み解く際の大きな手がかりとなるかもしれません。キリスト教の倫理観に染まった世界から追放された純粋な女性が、まるで異教の神に捧げられる生贄のようにストーンヘンジの巨石の上に横たわるのです。この図からさまざまな解釈が生まれてきそうです。

　個人的な思い出を記すことをお許しいただければ、私はNHKの番組のロケでストーンヘンジを訪れたことがあります。現在では観光客は巨石群のサークルの中心に入れないのですが、教育番組の撮影ということで、石に触れることは固く禁止されたものの、特別にそこに入れていただきました。物語の中では、エンジェルがもう少し先に行こうとテスを促していますが、その先に進んでもとても雨風がしのげる場所が見つからないような広大な草原の中に立っている巨石群です。その場に立ってみると、なにか人知を超えた不思議な力を感じ、人間存在の根源に引き込まれるような思いがしました。

Lesson 5

四半世紀をかけてたどり着いた家

　ドーチェスターに近いハイヤー・ボッカンプトンの村に、Hardy's Cottageと呼ばれるトマス・ハーディの生家があります。今はナショナル・トラスト（歴史的建造物や自然遺産の保護を目的とするボランティア組織）の管理下に置かれているこじんまりとした田舎家です。2010年の5月17日、私はNHKのロケでその家を訪れました。四半世紀越しの旅がようやく完了したような気分でした。こう書くと、何か詩的な感じがするかもしれませんが（しませんか？）、何のことはありません、大昔、私はこの家を見学に行こうと思ってたどり着けなかっただけなのです。

　NHKのロケより25年ほど前の夏、私は大学院の友人二人とイギリス観光のパック旅行に出かけました。自由行動の期間中、それぞれが専門とする文学者にゆかりのある土地を見学しようという話になり、詩人ウィリアム・ワーズワースを研究する友人は湖水地方に、ジェイムズ・ジョイスを研究する友人はダブリンに行きました。私は当時チャールズ・ディケンズを研究していたのですが、すでにロンドンに到着してすぐに三人でディケンズ・ハウスも訪れており、ロンドンの主だった名所もめぐってしまっていました。今思うになぜそこでハーディゆかりの地に行こうと思い立ったのかは不明なのですが、ともか

くドーチェスターを訪れることに決めたのです。

　さて、まずその地に着いたのち、とりあえず市の中心にあるドーセット・カウンティ博物館を訪れました。ドーセット州の歴史や地理にまつわる品物はもちろんのこと、ハーディの直筆の原稿なども展示してあったように思います。翌日ハーディの生家を訪ねようと思っていたので、受付の老婦人にそれがどの辺にあるのか、どのくらい遠いのかを聞いたところ、「あーら、近いわよ。あそこの草原を突っ切っていけばすぐよ。私なんか散歩でしょっちゅう行ってるわ」と（日本語に訳すとこんな感じの英語で）教えてくれました。あのお婆さんが散歩で行けるくらいだからそれほど遠くはないのだろうとたかを括り、大した情報収集もせずに出かけたのがまずかったのです。

　翌日、教えられたとおりの道を歩き出したはいいのですが、周りはただの草原で、人の姿すら見当たりません。ここの柵を左に曲がって、ここの木を右手に見て、という具合に、道筋をノートに記録していくのですが、いつまでたっても村にたどり着く気配はありません。たまに会う人にその所在を聞くたび、「だいぶ先だよ」と言われるばかり。子どもたちも、地元のヒーローであるハーディの生家は知っているらしいのですが、これまた場所を尋ねると 'Miles!'（「何マイルも先だ

よ！」）などという答えを返してきます（実際には、ドーチェスターの市内から約五キロ弱の地点にあります）。さらに行くと、坂道を自転車で勢いよく走り下りてくるお姉さんを見かけたので、声をかけると、両脚を前に投げ出して「キャー」と言いながら急ブレーキをかけるという、まるで映画にでも出てきそうな自転車さばきで止まってくれました。このお姉さんの指示がだいぶ明確だったために、ようやく目的地に近づいてきたかと思いきや、途中の一本道が延々と続いており、熱い陽光が照りつける中、日陰もありません。頭が朦朧としてきて、このままではハーディの生家にたどり着いたとしても帰れないのではないかと弱気になった私は、情けないことに、そこで引き返してしまったのです。帰り道、さっきのお姉さんに会ったのですが、道を教えてもらいながらたどり着けなかったとも言いづらく、「行ってきました」とうそをつきました。以来25年間、ドーチェスターまで行きながらハーディの生家を訪れなかったなどとは恥ずかしくて口にすることもできず、胸の片隅に無念と屈辱と自己嫌悪の入り交じった気持ちを抱きつつ生きてきたのです。

　手入れの行き届いた庭を抜け、四半世紀分の思いを込めて緑色のドアを押し開けました。ハーディゆかりの品々はすでに別のところに移してあるらしく、家の中はほとんどがらんどうに近い状態でした。それでも私の胸は、ようやくここにたどり着いたという満足感で満たされていました。二階の窓から見る風景が、言葉で言い表せないほどに美しく見えました。

（斎藤兆史）

Lesson 1
Lesson 2
Lesson 3
Lesson 4
Lesson 5
Lesson 6
Lesson 7
Lesson 8
Lesson 9
Lesson 10

Lesson
6

ジョウゼフ・コンラッド

『闇の奥』

Joseph Conrad

Heart of Darkness

The horror!　The horror!

「恐怖だ！　恐怖だ！」

ジョウゼフ・コンラッド

『闇の奥』(1902年)

Joseph Conrad

Heart of Darkness

PENGUIN CLASSICS

20世紀前半に活躍したモダニズム小説の作家たち。
コンラッドはその先駆けとして注目されてきました。『闇の奥』は彼が手掛けた中編小説の中で、代表的な作品です。

ジョウゼフ・コンラッド(1857-1924)は、1857年、帝政ロシアが治める南ポーランドのベルディチフ(現在、ウクライナ北部)で生まれました。父が反ロシア帝国の革命運動に加わったため逮捕され、一家はロシアに強制移住させられます。その後、7歳で母を、11歳で父を亡くし、コンラッドは孤児になりました。しばらく親戚の世話になったのち、1874年、海にあこがれてフランスの船に乗り、1878年に英国船の乗組員になりました。このときはじめてイギリスに行き、本格的に英語を学びはじめたことも注目に値します。その後、シドニー、バンコク、シンガポール、ボンベイ、カルカッタなど各地を回り、1886年にイギリスに帰化しました。1890年、船長としてアフリカの奥地・コンゴ河の上流まで行く契約を結びますが、途中で体調を崩して1年もたたずに帰国します。この経験が、作家に転じる精神的契機になったと言われています。

1894年、36歳のときに船乗りとしての生活を終え、彼にとっては第二言

語である英語で文筆活動を本格的に開始します。1895年、最初の小説
『オールメイァの阿房宮』(*Almayer's Folly*)、1897年『ナーシサス号の黒
人』(*The Nigger of the 'Narcissus'*)を発表。後者では、ナーシサス号の乗組
員たちが自然の厳しさに立ち向かう姿や、船長の黒人船員に対する差別と
これに対する乗組員たちの心の葛藤を描きました。1900年に代表的な長編
小説『ロード・ジム』(*Lord Jim*)を出版。主人公のジムは、海の冒険にあこ
がれて船乗りになりますが、船が暴風で難破しそうになり、乗客を見捨て
て逃げます。その後、船員免許を剥奪され、南太平洋の小島で献身的な生
活を送るうち、原住民たちから尊敬されるようになりますが、白人海賊の
計略にはまり、贖罪のためとも言える死を迎えます。

　1902年に『闇の奥』を出版(1898年から1899年にかけて、雑誌に掲載)。
この作品はコンラッドの代表的な中編小説です。アフリカの奥地を主な舞
台として、極限状況に置かれた人間の心の闇や、帝国主義の矛盾を描きま
した。『闇の奥』を下敷きにして、フランシス・コッポラ監督が1979年に映
画『地獄の黙示録』を制作したことでも知られています。また、『闇の奥』
はコンラッドの死後も多様な解釈をもたらし、1970年代、ナイジェリア出
身の作家・批評家であるアチェベが発表した『闇の奥』の人種差別的側面
に対する批評は、その後の解釈に大きな影響を与えました。

　1907年『情報スパイ』(*The Secret Agent*)、1911年『西欧人は観る』
(*Under Western Eyes*)を出版。これら二作は海洋小説から離れて、政治的
なテーマを取り上げています。その後も、『偶然』(*Chance*, 1913)、『黄金の
矢』(*The Arrow of Gold*, 1919)、『海の放浪者』(*The Rover*, 1923)と執筆を
続けますが、1924年、イギリスで心臓発作のために亡くなりました。66年
の生涯でした。現在は、イギリス人の妻とともにカンタベリーの墓地に埋
葬されています。

Lesson 6

コンラッドの小説というと、船乗りの経験を活かした壮大な海洋小説が思い浮かびます。それと同時に、彼の作品には、未開の地に渡ったヨーロッパ人の精神的な危機、帝国主義の空虚さ、極限状況に置かれた人間の倫理的な葛藤や決断の過酷さなど、多彩なテーマが描かれています。このような彼の作品は、そのあとの作家たちにも多くの影響を与えました。その例として小説家・批評家ヘンリー・ジェイムズ、詩人・評論家T. S.エリオット、小説家・批評家ジョージ・オーウェルなどが挙げられます。コンラッドが活躍した時代を経て、1910年頃からモダニズムの文学者たちが登場します。

全体のあらすじと名場面

　船乗りのマーロウは、テムズ川に浮かぶヨットの上で、友人たち四人に話を始めます。友人のうち一人が語り手役になり、マーロウの話を聞き伝えるという形式で物語が進行します。

　数年前、マーロウは、アフリカ内陸のコンゴ河を航行する船の船長になりました。彼は幼い頃から航海に憧れ、世界地図の上で未踏の地域を訪れることに魅せられていたのです。マーロウは、船会社の本社に立ち寄ったあとにコンゴへ向かい、熱帯地域の河を遡（さかのぼ）ります。この会社は、開発と称して現地の人々に重労働を課し、象牙を剥奪していました。マーロウが最初の支所に着いたとき、白人の残酷な破壊行為と、黒人への容赦ない搾取を目の当たりにします。無差別に撃ち込まれる砲弾、こぎれいな服装で仕

事をこなす白人、瀕死の状態まで働かされる現地の人々の姿が描かれます。ここでマーロウは、河の上流から大量の象牙を送り届けてくるクルツという男の噂を聞きます。クルツは、アフリカに文明の光をもたらすという高い理想を抱いて、奥地での勤務を望んだというのです。

　マーロウは、クルツに強い関心を持ってさらに奥地に向かいます。上流に近づくにつれて密林がさらに広がり、ますます深い闇の世界が迫ります。ようやく会ったクルツは、熱病で衰弱していました。いまや彼は以前の志を忘れ、黒人たちを従えて、残虐な剝奪を繰り返していたというのです。故障した船をようやく直し、病に伏すクルツを下流に送り届けようと航行する途中、彼はうわごとを言いながら、死んでしまいました。

　帰国したマーロウは、クルツが理想を捨てたとは知らずに彼を信じて待ち続ける、婚約者の自宅を訪れます。その部屋には刻々と闇が広がり、マーロウはクルツの最期の声を耳にします。一方、その声が聞こえない婚約者は、クルツのいまわの言葉を知りたがります。答えあぐねたマーロウは、最期に彼女の名を言ったと言い繕ったのでした。

　マーロウが話を終えた頃、静かに流れるテムズ川の彼方にも、巨大な闇の奥が続いているように見えました。植民地の奥地とは無関係に思えるイギリス本土の彼方に、闇の奥が続いているように思えたのです。

❊ 名場面 ❊

引用箇所は、クルツの最期の場面です。故障していた船がようやく動き出し、病に伏したクルツを乗せて河口を目指します。船室には灯りがあるのに彼はそれに気づかず、真っ暗闇の中で死を待っていると答えます。マーロウは、死にゆく彼を見守ります。クルツは、最期に何を見て、何を告げたのでしょうか。

我々の船は予想通り故障してしまい、修理のために島の先端につながなくてはならなかった。この遅れによって、クルツの自信ははじめて揺らいだ。ある朝、彼は書類の束と写真を私に渡した――全体が靴ひもで束ねられていた。「これを俺の代わりに持っていてくれ」と、彼は言った。「あの不愉快な馬鹿者（支配人のことだ）が、俺の見ていない隙に、箱を覗き込みかねないからな」午後になると、私は彼に会いに行った。彼は眼を閉じて仰向けに寝ていたので、静かに出ていこうとしたが、彼のつぶやきが聞こえた。「正しく生きろ、死ね、死ね…」と言うのを聞いた。それ以上のことは言わなかった。彼は、寝ながら演説の練習をしていたのか？　それとも新聞記事の一節のようなものだったのか？　彼はずっと新聞に記事を書いていて、また投稿するつもりだった。「俺の考えをもっと広めるためにね。これは義務だ」と言っていた。

　クルツの闇は、計り知れないほど深い闇だった。決して太陽が差し込むことがない、断崖絶壁のふもとに横たわる人を凝視するように、私は彼をじっと見た。けれども、私は彼と一緒にいる時間が十分とれなかった。なぜなら、機関士の手伝いをしていたからだ。水漏れがするシリンダーを分解したり、曲がった連接棒をまっすぐにしたり、そんなこんなを手伝っていたのだ。錆、やすりくず、留めねじ、ボルト、スパナ、ハンマー、ラチェット・ドリルなど、いまいましいガラクタの中で暮らしていた――こんなものは嫌でたまらなかった。私の性格には向いておらず、うまく対応

できなかったからだ。運よく積んできた小さな鍛造機械を直したりもした
よ。それでも、立っていられないほどの熱病にでもならないかぎり、きた
ないくず鉄の中で、うんざりしながら長いこと働いていたりしたのだ。

　ある晩、灯りを持って船室に入っていくと、クルツが少し震えながらこ
う言ったので、ぎょっとした──「俺は、死ぬのを待ちながら、暗闇の中
に横たわっているんだ」灯りは彼の目の前から、一フィート［三十センチ
程度］も離れていないところにあったからだ。「そんな、馬鹿な」と、私は
何とかつぶやき、くぎ付けにされたように彼をじっと見た。

　あのとき、彼の顔に現れた変化に類するものを、私はこれまでに一度も
見たことがなかったし、願わくは二度と見たくないと思っている。ああ、
そのとき私は感動をしたのではない。むしろ魅了されてしまったのだ。い
わば、覆いが引き裂かれてしまったのだ。私は、あの象牙色の顔に、陰鬱な
自負、冷酷な力、ひるみがちな恐怖が浮かぶのを見た──いわば厳しい、
希望を失った絶望の表情を見たのだ。彼は、死の直前の完全知を得たあの
至高の瞬間に、欲望、誘惑、屈服を、細部にわたるまでふたたび経験したの
ではないだろうか。心象や幻でも目の当たりにしているように、彼は低い
声で叫んだ──二度叫んだ。それはもはや声なき息に過ぎなかったが。

　「恐怖だ！　恐怖だ！」

　私は明かりを消して、船室を出た…。

（第3章）

Lesson 6

下線部に気をつけながら読みましょう。

"**W**e broke down—as I had expected—and had to lie up for repairs at the head of an island. This delay was the first thing that shook Kurtz's confidence. One morning he gave me a packet of papers and a photograph,—the lot tied together with a shoe-string. 'Keep this for me,' he said. 'This noxious fool' <u>(meaning the manager)</u> 'is capable of prying into my boxes when I am not looking.' In the afternoon I saw him. He was lying on his back with closed eyes, and I withdrew quietly, but I heard him mutter, 'Live rightly, die, die...' I listened. There was nothing more. Was he rehearsing some speech in his sleep, or was it a fragment of a phrase from some newspaper article? He had been writing for the papers and meant to do

Words & Phrases

broke down:「(乗り物などが) 故障する」の意の **break down** の過去形。マーロウが船長をつとめる蒸気船が、動かなくなったことを示す

lie up: (船が) 係留している、ドックにつながれている

head: 先端　**packet:** 小さな束　**the lot:** (ものなど) 全部　**noxious:** 不快な

prying into ...:「…を詮索する」の意の **pry into** ...の現在分詞形

withdrew:「引き下がる、退出する」の意の動詞 **withdraw** の過去形。活用は、withdraw-withdrew-withdrawn

so again, 'for the furthering of my ideas. It's a duty.'
[3]

"His was an impenetrable darkness. I looked at him as you
[4]
peer down at a man who is lying at the bottom of a precipice
where the sun never shines. But I had not much time to give
him, because I was helping the engine-driver to take to pieces
the leaky cylinders, to straighten a bent connecting-rod, and
in other such matters. I lived in an infernal mess of rust,
filings, nuts, bolts, spanners, hammers, ratchet-drills—things
I abominate, because I don't get on with them. I tended the
little forge we fortunately had aboard; I toiled wearily in a
wretched scrap-heap—unless I had the shakes too bad to
stand.

"One evening coming in with a candle I was startled to

---

furthering: (事業・運動などを) 進めること
impenetrable: 見通せない、計り知れない、不可解な
peer down at ... : …を凝視する、熟視する precipice: 絶壁、断崖 leaky: 水漏れがする
bent: (ものが) 曲がった connecting-rod: 連接棒
infernal: 我慢ならない、いまいましい mess: 困った状態、収拾のつかない状態
rust: 錆 filings:「やすり粉、やすりくず」。複数形でこの意味になる
abominate: 忌み嫌う、嫌でたまらない get on with ... : …にうまく対応する、(仕事などを) 前に進める tended: (機械などの) 手入れをした forge: 鍛造機械
toiled: (長時間) 骨折って働いた wearily: 疲れて、うんざりして
wretched: きたない、みすぼらしい the shakes:「悪寒、瘧（おこり）」。瘧は、マラリア性の熱病を指す。マラリアを指す場合もある

hear him say a little tremulously, 'I am lying here in the dark waiting for death.' The light was within a foot of his eyes. I forced myself to murmur, 'Oh, nonsense!' and stood over him as if transfixed.

"Anything approaching the change that came over his features I have never seen before, and hope never to see again. Oh, I wasn't touched. I was fascinated. It was as though a veil had been rent. I saw on that ivory face the expression of sombre pride, of ruthless power, of craven terror—of an intense and hopeless despair. Did he live his life again in every detail of desire, temptation, and surrender during that supreme moment of complete knowledge? He cried in a whisper at some image, at some vision,—he cried out twice, a cry that was no more than a breath—

"'The horror! The horror!'

"I blew the candle out and left the cabin ...

(Chapter 3)

Words & Phrases

tremulously: 震えて、びくびくして
stood over ...: 「(すぐ前に立って)…をじっと見る」の意の stand over ... の過去形
transfixed: (恐怖などが、人を) その場にくぎ付けにした、立ちすくませた
features: 複数形で「顔」 **touched**: 「感動させる」の意の動詞 touch の過去分詞形
fascinated: 「魅了する」の意の動詞 fascinate の過去分詞形
rent: 「引き裂く」の意の動詞 rend の過去分詞形。活用は、**rend-rent-rent**
sombre: 「陰気な、陰鬱な」。イギリス英語は sombre とつづるが、somber が一般的
ruthless: 冷酷な、無慈悲な **craven**: 臆病な、意気地のない

最期の場面で、クルツは何を感じたのか。彼を見守るマーロウは、何を感じたのか。
光と闇のコントラストを含めて、作品を深く解釈していきましょう。

1 "We broke down ...

{ 解説 }　今回引用した原文は、すべてマーロウが語る場面です。原文の段落の頭に出てくる二重の引用符（" "）は、マーロウが友人に語っている内容を示し、一重の引用符（' '）は話の中に現れる人物（クルツやマーロウ本人）が発した言葉を指します。今回の場面で語り手は出てきませんが、作品の冒頭部分、最終部分を中心に語り手役が登場します。語り手、その他友人は、テムズ川に停泊する船上でマーロウの昔語りを聞いています。

　『闇の奥』の語りをごく簡単に図で示すと、以下のようになります。**入れ子式の語り**（Chinese-box narration）です。このような語りの構造は、Lesson 4 で取り上げたエミリー・ブロンテの『嵐が丘』でも見られました（❶はロックウッド、❷はネリーでした）。マーロウ（❷）は、クルツ（❸）をめぐって起きた一連の出来事を語りますが、彼の話は語り手（❶）の語りの中に組み込まれています。このような形式を通して、読者はマーロウが語る物語を解釈することになります。

Lesson 6

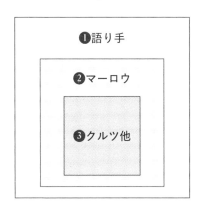

❶語り手

❷マーロウ

❸クルツ他

2　(meaning the manager)

> 解説

　直前の he said の he（= Kurtz）を意味上の主語とする分詞構文。「あの不愉快な馬鹿者」と言ったのはクルツですが、それが支配人のことを意味していると情報を加えています。**丸括弧は、語りの途中で、マーロウが説明を加えたことを示します。**

3　'for the furthering of my ideas. It's a duty.'

> 解説

　一重の引用符はクルツが以前、マーロウに言った台詞を示します。クルツが「自分の考えをもっと広めるために［新聞に投稿している］。これは義務だ」と言ったことを、マーロウが思い出して引用しています。

4　His was an impenetrable darkness. I looked at him as you peer down at a man who is lying at the bottom of a precipice where the sun never shines.

> 解説

　最初の His は所有代名詞で、ここでは His darkness「クルツの（抱える）闇」を意味します。二文目の you は**総称的な you** で、語り手一人を指しているわけではありません。マーロウは、病床にいるクルツを間近で見ていますが、精神的には遠く離れており、このことが、an impenetrable darkness「計り知れないほど深い闇」、the bottom of a precipice「断崖絶壁のふもと」、the sun never shines「太陽が差し込むことがない」などの言葉に表れています。『闇の奥』のキーワードである darkness（闇）については次項を、クルツの人物像については「名文句」をご覧ください。

5 'I am lying here in the dark waiting for death.' The light was within a foot of his eyes. I forced myself to murmur, 'Oh, nonsense!' and stood over him as if transfixed.

{ 解説 } 　灯り（The light）がすぐそばでともっているにもかかわらず、クルツは闇（the dark）に横たわっていると主張します。彼の言葉を聞いてマーロウがぎょっとしたことが、単に murmured「つぶやいた」とせずに、forced myself to murmur「無理につぶやいた」としている点に表れています。あたかもクルツが、冥土をさまよっているような場面です。

　この部分は、**闇と光のコントラスト**が描かれています。作品のタイトルでも使われている darkness「闇」は、多様な意味を抱合しています。**未開の地、原始の世界、人間の忌まわしさや邪悪さ、そして死のイメージ**も呈します。マーロウがコンゴに赴く前に船会社の本社に行った際、入口にいた女たちが、冥界への入口である「暗黒の門」（the door of Darkness）の門番のように描かれている場面もあります（第1章）。

　一方、マーロウは、light「光」を持って船室に入ってきます。光は、**文明的な社会の一端**を示すと考えられ、クルツにはもはやこの光が見えません。クルツの最期の言葉のあとに、マーロウが blew the candle out「キャンドルを吹き消した」ことも、象徴的な意味と捉えることができるでしょう。

　最後の as if transfixed は、as if I were transfixed の I were が省略された形で、**反実仮想の仮定法過去**です。実際にくぎ付けにされているわけではありませんが、「まるでくぎ付けにされたように」彼をじっと見た、ということです。

Lesson 6

6

Anything approaching the change that came over his features I have never seen before, and hope never to see again.

{ 解説 } クルツの顔に現れた、衝撃的な変化を思い出しながら述べている台詞です。

大きな構造を見てみると、seenとseeの目的語であるAnything … featuresの部分が前に出た形です。

細かく見てみると、Anything approaching the changeのapproachは、「〜に近づく、ほぼ等しい」の意味であり、その目的語に当たるのがthe changeで、ここではapproachの現在分詞形が形容詞的にAnythingを修飾していますから、「その変化に匹敵するいかなるものも」見たことがないし、見たくもない、とつながります。それでそのthe changeを先行詞とする関係節が関係代名詞のthatに導かれている部分です。the change that came over his features「彼の顔（の造作）の上に現れた変化」となります。

7 ivory face

{ 解説 } ivoryは文字通りには象牙を指しますが、ここでは形容詞的に「（象牙のように）黄白色の」という形容詞的な意味でfaceにかかります。ivoryという単語を用いることによって、暗に**クルツがこれまで剝奪を繰り返してきた象牙も指している**と思われます。白い象牙のイメージは、さらに**黒人を支配する白人全体、彼らの文明社会**をも含んでいるかもしれません。

8 Did he live his life again in every detail of desire, temptation, and surrender during that supreme moment of complete knowledge?

{ 解説 }　動詞のliveは、本来自動詞として用いられますが、語源を同じくするlifeを目的語に取る場合があります。このように、本来自動詞として用いられる動詞が語源的あるいは意味的に関連する目的語を取る場合、その目的語を**同族目的語**と言います。ほかにも、laugh（動詞）＋laugh（名詞）、dream（動詞）＋dream（名詞）、die（動詞）＋death（名詞）などが動詞と同族目的語の組み合わせの代表例です。

　それで、ここでのhis lifeは、直接的にはof desire, temptation, and surrenderにつながります。「欲望と誘惑と屈服の人生」を、again「ふたたび」、in every detail「細部にわたって」経験した（＝生きた）のではないか、during that supreme moment of complete knowledge「完全知を得た至高の瞬間に」となります。

　死の直前、クルツは「完全知を得た至高の瞬間」を捉えて、この次の文に出てくるsome image「何らかの心象」、some vision「何らかの幻」など、啓示的な現れを感受し、それを**恐怖**だと悟ります。本書のLesson 8で取り上げる『インドへの道』のアデラも、裁判の場面でvisionを感じ取ります。コンラッドは、『ロード・ジム』でも瞬間について言及しています。この作品では、瞬間をrare moments of awakening「覚醒するまれな瞬間」と称し、あらゆることを一瞬で理解することができるけれども、その時が過ぎるとふたたびagreeable somnolence「心地よい眠り」の状態に陥ると説明しています（第13章）。「瞬間」については、本レッスン最後のコラムもご参照ください。

Lesson 6

The horror! The horror!

「恐怖だ！ 恐怖だ！」

クルツの最期の言葉です。すぐそばの灯りすら見えなくなった瀕死の状態で、彼は闇を見据え、恐怖だと結論付けます。彼が恐怖と見なしたのは、何であったのかはっきりわかりません。**己を含む人間の内面に潜む闇なのか**、**搾取を繰り返す帝国主義なのか**、**アフリカの過酷な自然なのか**、**人間を野性に引き戻す魔力なのか**、**それとも別の何か**を指すのか、明言されていません。

それにしても、クルツは謎の多い人物です。マーロウは作品の早い段階で噂を通してクルツを知ることになりますが、クルツに直接会うのは作品の終盤になってからです。噂によると、クルツはアフリカに文明の光をもたらす理想を掲げて奥地勤務を志願し、大量の象牙を出張所に送り届けるほど有能であるが、現地の人々を従えて野蛮な行動に走り、残虐に略奪を繰り返しているというのです。病にかかったクルツは、大きな計画を成し遂げられなかったことを悔やみますが、その計画が何だったのかもわかりません。**文字通り闇に包まれた謎の人物クルツの解釈は、読者にゆだねられている**と言えるでしょう。

horror

この単語には、どのような意味があるのでしょうか。horrorをOED（Oxford English Dictionary）第二版で調べると、**horrorは複雑な感情**だとわかります。嫌悪や恐怖、強い反感などが入り混じった感情や、衝撃的なものや恐ろしいものによって掻き立てられた感情として定義されています。一方、**畏敬や敬虔の念と、恐怖感の入り混じった感情**であることも示

されています。この意味をコンラッドが込めたか否かは正確に判断できま
せんが、マーロウはクルツの最期の姿に、恐怖を覚えただけではなく、魅
惑されたと語っています。クルツが、自分が知りえない真理にたどり着い
たと感じて、畏敬の念を持ったと解釈しても、あながち的外れではないか
もしれません。horrorの類語に、terrorがありますが、後者は嫌悪感を含ま
ない、強い恐怖感を示します。多層の意味を持つhorrorを通して、クルツ
の複雑な感情が描かれています。なお、中野好夫の名訳『闇の奥』(岩波文
庫) ではThe horror! The horror!は「地獄だ！　地獄だ！」と訳されてい
ます。

the horror

　horrorは、抽象名詞で、一般に無冠詞・単数形で用いますが、of＋名詞
などで限定された場合は、theが付きます。the horrorを辞書で見ると、次
のような例が見られます。

例 the horror of starvation 「飢餓の恐ろしさ」

　　the horror of land mines「地雷の恐ろしさ」

　もちろん、the horror movieや、the horror storyなど、of以下がない場
合もありますが、定冠詞theを伴うhorrorは、of＋名詞で何の恐怖かを特
定する例が多く見られます。クルツの台詞には、何の恐怖か明示されてい
ませんが、あえて明らかにせず、The horror (of～) !の括弧内を省略する
ことで、彼が何を見たのか、**文字通り闇に葬ろうとしている**のでしょうか。

　コンラッドは、草稿 (manuscript) 段階では、Oh! The horror!と書きま
したが、のちに修正して、The horror! The horror!にしたことがわかって
います。**同じ言葉を重ねることによって、クルツの言葉をより強く伝えよ
うとしたのかもしれません。**

Lesson 6

文学作品の中の「瞬間」

　多くの人たちが、SNS（Social Networking Service）を気軽に利用する時代になりました。「今、フランス料理を食べてます！」、「今、海辺で夕陽を見てます！」など、写真付きの投稿が繰り返されています。アナログ世代の私は、誰かが過ごした時間を見て、たとえ「いいね」と反応しても、本当に共感できるとは思えません。これらの投稿は日々の瞬間を切り取っただけで、当事者と思いを共有することは難しいと思うからです。

　一方、文学作品には豊かな文脈があるため、登場人物がある瞬間に感じた思いを追体験できると感じます。19世紀から20世紀にかけて、さまざまな作家が、「瞬間」に注目してきました。中でもよく知られるのは、ジョイスのエピファニー（epiphany）です。この言葉は、もとはキリスト教の「顕現日」（キリスト生誕の際に東方の三博士がベツレヘムを訪れたことを記念する祭日）を指しますが、ジョイスは平凡で些細なことから人間の本質が突然啓示される瞬間、と捉えました。ジョイスのエピファニー以外にも、ワーズワースのspots of time「時の点」、Lesson 8とLesson 9でそれぞれ扱うフォースターのsymbolic moment「象徴的瞬間」やウルフのmoments of being「存在の瞬間」など、「瞬間」に注目する考え方は、解釈の違いを含みながらも広がっていきました。コンラッドも例外ではなく、『闇の奥』にはsupreme moment「至高の瞬間」への言及があります。死の直前、クルツはこの瞬間を捉えて、闇を見据え、恐怖だと悟ります。一方、マーロウは至高の瞬間の意義を直接捉えることなく生き延び、ふたたび日常に戻っていきます。

　作家たちが作品に描き込んだ瞬間は、「日常の何か」を通して突然立ち現れ、人生の本質的なことを示す一方で、短時間で過ぎ去り、その後はふたたび日常に覆われてしまいます。このように瞬間の意義を説く作品を通して、私たちは、誰にでもかけがえのない瞬間が訪れる可能性を感じることができます。そして、私たちがその瞬間に気づき、意義を受け止め、これをきっかけに人生を転換する勇気と技量を持たなければ、その瞬間は何事もなかったように過ぎ去ってしまうという儚さも学ぶことができるのです。人生には、決断を求められる場面が多くあります。進学、就職、結婚などの岐路に立つとき、瞬間を確実に捉えることができたらどんなに幸運でしょうか。

　コンラッドが活躍した時期は19世紀末から20世紀初頭でしたが、1910年頃からイギリス文壇史はモダニズムの文学者たちが台頭します。「瞬間」に注目する作家が引き続き活躍するとともに、「意識の流れ」をはじめとして、それまでには見られなかった新たな表現形態が生まれていきます。

（髙橋和子）

Lesson 7

サマセット・モーム

『人間の絆』

Somerset Maugham

Of Human Bondage

Life had no meaning.

人生に意味はない。

Lesson 1
Lesson 2
Lesson 3
Lesson 4
Lesson 5
Lesson 6
Lesson 7
Lesson 8
Lesson 9
Lesson 10

サマセット・モーム

『人間の絆』(1915年)

Somerset Maugham

Of Human Bondage

昭和後期、バートランド・ラッセルと並び、受験英語界で圧倒的な人気を誇った作家がサマセット・モームです。

彼が日本で愛読された裏には、彼の上質な英文ばかりでなく、その作品が提示する哲学や世界観があったと思われます。その中でもとくに日本人にとって受け入れやすいものが、本作の核を成す「ペルシャ絨毯の哲学」です。

ィリアム・サマセット・モーム (1874-1965) は、1874年、在仏英国大使館の顧問弁護士の四男としてパリで生まれました。8歳のときに母親を、10歳のときに父親を亡くしたため、イギリスで牧師をつとめていた叔父に引き取られます。10代後半から20代の頭にかけてヨーロッパ各地に遊学したり、ロンドンの医学校に入学して医学の勉強をしたのち、1897年、23歳のときに医学校での経験をもとに処女作『ランベスのライザ』(*Liza of Lambeth*) を発表して好評を得ると、作家として身を立てることを決意します。その後、1965年に91歳で死去するまで、ほぼ毎年のペースで小説、戯曲、評論、短編集などを発表します。処女作以外の代表作としては、本作『人間の絆』、画家のゴーギャンをモデルとする『月と六ペンス』(*The Moon and Sixpence*,

1919)、トマス・ハーディをモデルにしたと思しき登場人物が現れる『お菓子とビール』(*Cakes and Ale*, 1930)、自伝『サミング・アップ』(*The Summing Up*, 1938)、『かみそりの刃』(*The Razor's Edge*, 1944) などがあります。また、彼は第一次および第二次世界大戦時にイギリスの諜報部員として働いたことがあり、その経験は短編集『アシェンデン』(*Ashenden: Or the British Agent*, 1928) に描き込まれています。

　ここで、『人間の絆』(*Of Human Bondage*) という題名について簡単に説明しておきましょう。この題名は、オランダの哲学者スピノザの主著たる哲学書『エチカ』(*Ethica*, 1677) から来ています。もともとラテン語で書かれた同書の英訳を読んだモームは、その中に現れる Of Human Bondage「人間の絆について」という章題を見つけて自著の内容と響き合うものを感じ、その響きがあまりに厳しいとする出版社の反対を押し切ってこれを題名に選んだそうです。その題名中の bondage は、少なくとももとの『エチカ』の文脈では、感情を制御できない状態を意味します。同書の英訳によっては、bondage の代わりに servitude「隷属」の語を用いているものもあります。それを考えると、「絆」という訳語は不適当なのではないかと思う方がいるかもしれませんが、漢和辞典や国語辞典を引けばわかるとおり、「絆」の本来的な意味は「牛馬などの足をつなぐ縄、自由を束縛するもの」であり、現代の日本人がその意味として真っ先に考える「人と人との連帯」ではありません。

　一方に人間を束縛する「絆」があるとすれば、その対抗軸として物語に救いを与えているのが、あとで説明する「ペルシャ絨毯の哲学」です。「人生の意味とは何か」に対する答えが「ペルシャ絨毯」にあるとする意匠には、本作を名作たらしめるだけの深みが感じられますが、それがとくに日本で受け入れられた背景に、日本の哲学的、あるいは宗教的な土壌がある

と思われます。物語中に現れる論理的な言語使用によらぬ人生論の伝授は、日本人が慣れ親しんできた以心伝心の文化、仏教的な逆説と無常観に通じるものです。

全体のあらすじと名場面

　物語の冒頭で母親を亡くした9歳の主人公フィリップは、その数か月前にすでに父親を亡くしていたことから孤児となり、厳格なる牧師の叔父の庇護のもと、内反足（ないはんそく）という障害を抱えながら牧師館で生活することになります。成長したフィリップはドイツとフランスに遊学したのち、イギリスに戻って医学校に入ります。そんな折、ミルドレッドという無教養な女給（ウェイトレス）と出会い、理性では彼女を軽蔑しつつも、どうしようもなく心惹かれていきます。ミルドレッドは、一度は婚約相手がいると言ってフィリップを絶望させますが、男に捨てられ、身重となって彼のところに戻ってきます。このあとも二人のどろどろとした関係は続き、最後は彼女が娼婦に身を落として物語から消えていきますが、その間、フィリップは愛人や友人との付き合いを通じ、人生に悩みながらも人間的に成長していきます。さらに彼は、病院での勤務を通じてソープ・アセルニーという男と知り合いになり、その家族と親しく付き合うようになります。そして、最終的に、その娘の一人、健康的な女性であるサリーに求婚し、医者として平凡で静かな人生を送る道を選びます。

　内反足という障害、人生の悩み、恋愛の苦しみを抱えながら生きるフィリップ。彼はつねに人生の意味を追い求めています。彼はパリで生活して

いたとき、そこで知り合った詩人クロンショーから人生についてのアドバイスを受けます。人生とは何かの答えがペルシャ絨毯にある、というのです。のちに彼のもとにクロンショーからペルシャ絨毯の断片が送られてきますが、フィリップがその本当の意味を悟るのは、だいぶあとになって、友人ヘイウォードの死を知ったのち、大英博物館を訪れたときのことです。

❂ 名場面 ❂

引用箇所は、クロンショーから贈られたペルシャ絨毯の意味をフィリップが忽然（こつぜん）と悟る場面から採りました。悟りの内容が単なる虚無主義に思えるかもしれませんが、最後まで読めば、それがより力強い人生哲学であることがわかります。

ロンショーのことを考えているうち、フィリップは、彼がくれたペルシャ絨毯のことを思い出した。人生の意味とは何かの答えがそこにある、というのだ。そして、突然答えが浮かび、彼はくすっと笑った。答えがわかってみると、それはまるで、さんざん頭を悩ましたのに、解答を提示されてから、なぜそれに思い至らなかったか不思議でならない問題のようだった。答えは単純明快。人生に意味はない。宇宙を飛び回る衛星のような星に過ぎない地球の上では、この星の歴史のどこかで存在した環境的条件のもとで生物が誕生し、そしてそこで生命が誕生したように、ほかの条件下でそれが死滅するのだろう。人類は、ほかの生命体よりも高等なものではなく、命の創造の極点としてではなく、環境への物理的反応によって誕生した。フィリップは、東方の王の話を思い出した。人類の歴史を知りたいと願い、賢者から五百巻の歴史書を献上されたという。国務に忙殺されていた王は、それをもっと短くしてくるようにと命じた。二十年たって賢者がまたやって来たとき、歴史書は五十巻ほどになっていた。だが王は、もはやそれほどの大作を読むには年を取りすぎていたので、改めてそれを短くするようにと賢者に命じた。さらに二十年が過ぎ、年老いて白髪頭となった賢者は、王が求めていた知識を収めた一巻の本を持ってきた。だが、王は臨終の床

に就いており、それすら読む時間がなかった。そこで賢者は、人類の歴史を一行で王に伝えた。それは次のとおりである。人が生まれ、苦しみ、死んだ。人生に意味はなく、生きることによって何の目的を達成することもない。生まれようが生まれまいが、生きようが生きるのをやめようが、大した問題ではない。生は些細なものであり、死も重要なものではない。フィリップは、かつて肩にのしかかった神への信仰の重みが取り除かれたときと同じように、小躍りして喜んだ。まるで最後の責任の重荷が肩から取り除かれたかのようだ。そして、生まれてはじめて完全に自由になったのだ。自分が無意味であることが力となり、突然彼は、自分を悩ませていたように見えた残酷な運命に耐えられるような気がした。なぜなら、もしも人生が無意味なのであれば、世界はもはや残酷なものではなくなるからだ。何をしようがしまいが、問題にはならない。失敗は重要ではなく、成功も無に帰する。自分は、わずかな時間地表に蠢いていた多数の人類の中でもっとも取るに足らぬ生き物であり、混沌の中からその無の秘密をもぎ取ってきたがゆえに万能なのだ。フィリップのたくましい空想の中で、さまざまな考えが次から次へと転がり込み、彼は満ち足りた歓喜の深呼吸を繰り返した。飛び跳ねて歌いたくなった。何か月もの間、これほどの幸せを感じたことはなかった。

（第106章）

下線部に気をつけながら読みましょう。

hinking of Cronshaw, Philip remembered the Persian rug which he had given him, telling him that it offered an answer to his question upon the meaning of life; and suddenly the answer occurred to him: he chuckled: now that he had it, it was like one of the puzzles which you worry over till you are shown the solution and then cannot imagine how it could ever have escaped you. The answer was obvious. **Life had no meaning.** On the earth, satellite of a star speeding through space, living things had arisen under the influence of conditions which were part of the planet's history; and as there had been a beginning of life upon it, so, under the influence of other conditions, there would be an end: man, no more significant than other forms of life, had come not as the climax of creation but as a physical reaction to the environment. Philip remembered the story of the Eastern

Words & Phrases

Persian rug:「ペルシャ絨毯」。本作が提示する哲学の象徴

chuckled:「くすっと笑った」。同じクスクス笑いでも、**giggle**（動詞・名詞）は、子どもや若い女性の含み笑いを表すときに用いることが多い

arisen:「現れる」の意の動詞**arise**の過去分詞形

King who, desiring to know the history of man, was brought by a sage five hundred volumes; busy with affairs of state, he bade him go and condense it; in twenty years the sage returned and his history now was in no more than fifty volumes, but the King, too old then to read so many ponderous tomes, bade him go and shorten it once more; twenty years passed again and the sage, old and grey, brought a single book in which was the knowledge the King had sought; but the King lay on his death-bed, and he had no time to read even that; and then the sage gave him the history of man in a single line; it was this: he was born, he suffered, and he died. There was no meaning in life, and man by living served no end. It was immaterial whether he was born or not born, whether he lived or ceased to live. Life was insignificant and death without consequence. Philip exulted, as he had exulted in his boyhood when the weight of a belief in God was lifted

Lesson 7

---

sage: 賢者　**bade:**「命じる」の意の動詞 **bid** の過去形。古風な文語において、**bid** ＋人＋ **(to) do**「(人) に〜するように命じる」の形で用いられる動詞

affairs of state: 国務、国事　**condense:** 圧縮する、要約する

ponderous: どっしりとした、重くてかさばる　**tome(s):** (学術的な) 本、大冊

sought:「探す、求める」の意の動詞 **seek** の過去分詞形　**death-bed:**「死の床、臨終」。ハイフンを入れないほうがつづりとしては一般的

immaterial: 重要でない、取るに足らない

ceased to ... : …するのをやめた　**consequence:** 重要さ、意義

exulted: 大喜びした

from his shoulders: it seemed to him that the last burden of responsibility was taken from him; and for the first time he was utterly free. His insignificance was turned to power, and he felt himself suddenly equal with the cruel fate which had seemed to persecute him; for, if life was meaningless, the world was robbed of its cruelty. What he did or left undone did not matter. Failure was unimportant and success amounted to nothing. He was the most inconsiderable creature in that swarming mass of mankind which for a brief space occupied the surface of the earth; and he was almighty because he had wrenched from chaos the secret of its nothingness. Thoughts came tumbling over one another in Philip's eager fancy, and he took long breaths of joyous satisfaction. He felt inclined to leap and sing. He had not been so happy for months.

(Chapter CVI)

Words & Phrases

equal with ...: …に対応できる、耐えられる **persecute:** 悩ませる
was robbed of ...: …を奪われた、なくした **amounted to ...:** …に帰した
inconsiderable: 取るに足らない、重要でない
swarming: 「うじゃうじゃ群れる」の意の動詞 swarm の現在分詞形
wrenched: 「もぎ取る、ねじり取る」の意の動詞 wrench の過去分詞形
tumbling: 「転ぶ」の意の動詞 tumble の現在分詞形
inclined to ...: …したい気分になって

◆ 語 法 ・ 文 法 解 説 ◆

人生に意味がないことを悟って幸福感を得るという逆説を表現するため、モーム
は語法や文法においてもさまざまな工夫をしています。

1 now that he had it, it was like one of the puzzles which you worry over till you are shown the solution and then cannot imagine how it could ever have escaped you.

{ 解説 } now that ... は、「いまや…なので」の意味を表す接続詞句で、he
had it の it は前文にある the answer を指していますから、この従
属節の部分は、「いまや答えがわかってみると」の意となります。

二つ目の it から始まる主節がややわかりづらい構文になっています。次
のように考えてみましょう。

［主節］ it was like one of the puzzles

［関係節］ which you worry over (the puzzles) till ...

関係節内の you は総称的な代名詞です。一般的な内容を表しているので、
関係節以下では現在形が用いられています。till 以下の部分は次のように
なっています。

```
     ┌ you are shown the solution 「解答を示されて」
     │
till ─┼ and then
     │
     └ (you) cannot imagine ┬ 「想像できない」
                           │
                           └ how it could ever have escaped you
                             「どうしてそれが頭をすり抜けようがあったか」
                             =「どうしてそれに思いつかなかったか」
```

2

man, no more significant than other forms of life, had come not as the climax of creation but as a physical reaction to the environment.

{ 解説 } 　無冠詞単数形のmanは、**総称的に**「**人、人類**」を表すことが多いですが、ここでの主語もその意味のmanです。それを補語的に説明しているのが挿入されたno more ... lifeの部分。no more ... than ~ は、「～と同様に…でない」の意の基本構文ですから、other forms of life「ほかの生命体」と同様に大したものではないのだが、となります。その主語を受ける述部がhad以下。過去完了形が使われているのは、物語中の現在を表す基本時制が過去形で、それよりも前に起こったことを描写しているからです。had comeは、文字通りには「やって来ていた」ということですが、ここでは人類誕生の話をしていますから、「現れていた」ことになります。直後のnot ... butの構文はさほど難しくはないでしょう。not as the climax of creation「（天地）創造の頂点を成すものとしてではなく」、but as a physical reaction to the environment「環境に対して物理的に反応したものとして」となります。

3 busy with affairs of state

{ 解説 } 直前に現在分詞のbeingを補えば、being busy with affairs of state「国務で忙しいので」という**理由を表す分詞構文**になります。このbeingが省略されたと考えるとわかりやすいでしょう。

4 twenty years passed again and the sage, old and grey, brought a single book in which was the knowledge the King had sought

{ 解説 } twenty years passed again「さらに二十年がたった」まではいいでしょう。主節の核となるのが、the sage ... brought a single book「賢者は一冊の本を持ってきた」の部分。挿入された old and grey は、the sage を修飾する補語です。

　さて、賢者が持ってきた一冊の本がどのようなものかを説明しているのが、in which（which の先行詞は a single book）以下の関係節です。in which を there と置き換えれば、there was the knowledge「そこにはこのような知識が収められていた」、the King had sought「王が（その時点までずっと）求めていた」となります。the King の前に関係代名詞の which か that が省略されていると考えることもできますし、最近の学校文法では、接触節による後置修飾と説明されることがあります。

5 His insignificance was turned to power, and he felt himself suddenly equal with the cruel fate which had seemed to persecute him; for, if life was meaningless, the world was robbed of its cruelty.

{ 解説 } 　最初の節は、少なくとも文法的には難しくありません。直訳すると、His insignificance「彼の些細さ」が、was turned to power「力に変えられた」ということです。自分が無意味な存在であることを知って、逆に力が湧いてきたということですね。次のandからセミコロンまでは、主節と関係節の二つの部分に分かれます。

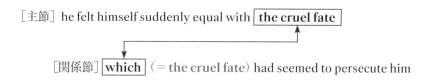

［主節］he felt himself suddenly equal with the cruel fate

［関係節］which（＝ the cruel fate）had seemed to persecute him

　主節は「突然自分自身が残酷な運命と対等であると感じた」で、それがどのような運命であったかというのが、関係節の「それまで自分を苦しめているように思われたところの（残酷な運命）」です。

　セミコロンの次の **for「なぜならば」** は、前に述べたことの **根拠を示す等位接続詞**。口語ではbecauseで代用される傾向にありますが、becauseは明確な因果関係を示す従属接続詞で用法が異なりますので、辞書でしっかりと確認をしておいてください。

　それで、なぜ自分が無意味な存在であることに気づいて力が湧いたかというと、if life was meaningless「もし人生が無意味だとなれば」、the world was robbed of its cruelty「世界はその残酷さを奪われる（＝失う）」からだ、というわけです。

6 What he did or left undone did not matter.

{ 解説 }　主語である What he did or left undone は、完全な形に書き直せば、What he did or what he left undone「やったこととやり残したこと」となります。what は「(〜する) こと、もの」の意の関係代名詞。また、leave ... undone は「…をやり残す」の意。関連した慣用表現として **leave no stone unturned** があるので、覚えておくといいでしょう。直訳すれば「一つとしてひっくり返さない石を残さない」ですが、転じて「**あらゆる手を尽くす、とことん調べる**」の意味で用いられます。

　さて、この主語を受ける述語動詞が matter「大事である」です。ここでは過去形で否定の not がついていますから、「大事でなかった」となりますが、あとの「名文句」のところでも解説するとおり、物語の基本時制が過去形であり、それが物語中の現在になるので、主人公フィリップは、ここで「自分がしたこともやり残したことも重要ではないのだ」と考えています。

Lesson 7

7 He was the most inconsiderable creature in that swarming mass of mankind which for a brief space occupied the surface of the earth

{ 解説 } 彼（＝フィリップ自身）はthe most inconsiderable creature「もっとも取るに足らない生き物」であったということですが、最上級を用いる上での母集団は何かというと、それがthat swarming mass of mankind、直訳すれば「あのうじゃうじゃと群がった人類の塊」です。そして、この句をさらに説明しているのが、which以下の関係節です。for a brief space「ほんの短い間」、occupied the surface of the earth「地表を占有していた」ところの人類の塊、という説明になっています。

8 Thoughts came tumbling over one another in Philip's eager fancy

{ 解説 } 人生に意味がないことを知ったフィリップの高揚感をよく伝えている文です。最後のeager fancyは、見慣れない語の組み合わせですが、直訳すれば「熱意にあふれた空想」となります。そこにThoughts came「さまざまな考えがやって来た」のですが、その様子を表す補語の部分が面白いですね。tumbling over one another、直訳すると「それぞれ（の考え）につまずきながら」。気分が高揚している状態で、次々といろいろな考えが頭の中に転がり込んでくる様子が、とても面白い表現によって描かれています。

Lesson 7

Life had no meaning.

人生に意味はない。

　精巧な模様を配したペルシャ絨毯は、とても美しいものです。でも、その意匠に何の意味があるかと問われたら、誰しも答えに窮するのではないでしょうか。意味はなくとも、美しいものは美しい。人生もそれと同じで、一生懸命に生きた人生は、とても充実した、彩り豊かなものです。しかしながら、それが人類の歴史において、あるいは社会の中でどのような意味を持っているかと問われても、答えは見つかりません。**意味はないけれども美しい。**人生もそのようなものなのかもしれません。

　ここで重要なのは、「人生に意味はない」とのフィリップの悟りは、決して**虚無主義を表すものではないということ**です。ここでフィリップが**幸福感を得ていること**はとても重要です。

語りの時制と話法

　Life had no meaning.という文に語法的に難しいところはありません。ただし、ここでは**時制の問題がとても大事**ですので、それを解説しておきます。

　物語は、過去形で語られるのが基本です。「昔々あるところに、お爺さんとお婆さんが住んでいました」という原初的な物語を見てもわかるとおり、過去にこのようなことがありました、と言って、聞き手や読者を虚構の世界に誘い込むのです。ですから、過去形で語られている内容は、基本的に物語中の現在の出来事になります。

　本作も物語は過去時制で語られています。したがって、「ペルシャ絨毯の哲学」を描いたこの場面も、物語中の現在におけるフィリップの認識が過

去形で語られていることになります。彼は、過去において人生に意味はな
かったと考えているのではなく、クロンショーが提示した謎に対する答え
が「人生に意味はない」ということであることに思い至ったことになりま
す。したがって日本語訳もそのようにしておきました。

　急いで付け加えておくと、原文がWell, life had no meaning! などとなっ
ていたら、'Well, life has no meaning!' という主人公の思考を語り手の視
点、文法で描いた「**自由間接話法**（free indirect speech/thought/
style/discourse）」だと言えるのですが、原文の Life had no meaning. に
は、その話法であると言い切れるほどの特徴が現れてはいません。とはい
え、「**意識の流れ**」と呼ばれる手法を用いる作家（代表的な作家としては
ヴァージニア・ウルフとジェイムズ・ジョイスがいます）の作品には頻繁
に現れる文体ですので、覚えておいてください。自由間接話法と「意識の
流れ」については、本書の Lesson 9 で改めて詳述します。

Lesson 7

英語で伝える日本文化

　私は高校時代に『人間の絆』（以下『絆』）と出会って感銘を受け、本書を卒業論文のテーマにしました。そこで中心的に論じたのは、モームが本作を執筆するに当たり、ディケンズの名作『デイヴィッド・コパフィールド』（以下『デイヴィッド』）を意識していたのではないか、ということでした。モームは『世界の十大小説』（*Ten Novels and Their Authors*, 1954）の一つに『デイヴィッド』を挙げていますが、そればかりでなく『絆』の節々に同作との類似点が認められるのです。

　モームは、『絆』を（自伝ではなく）自伝的小説と呼んでいますが、実際の伝記的事実を歪めてまで創作した部分において『デイヴィッド』との対応関係が生まれている箇所があります。例えば、モーム自身の母親が死んだ時点で父親と兄弟はまだ生きていますが、『絆』において、フィリップは母親を亡くした時点で孤児となります。『デイヴィッド』とまったく同じ設定です。その時点でフィリップは9歳、デイヴィッドは10歳の誕生日を迎えたばかり。二人ともほかの登場人物の口から母親の死を知らされます。また、『デイヴィッド』と『絆』の間には、登場人物の対応関係も見られます。父親代わりとなったマードストン氏とケアリ氏、ベッツィー・トロットウッドとケアリ夫人、友人のスティアフォースとヘイウォード、お人好しのミコーバー氏と

アセルニー氏、ドーラとミルドレッド、アグネスとサリー、などなど。そのような物語の並行関係を作り上げた上で、あえてモームは『デイヴィッド』と違う人生観を提示しようとしたのではないか、というのが私の説です。

　人生、努力をすれば、どんどん高みに上っていけるという『デイヴィッド』の明るい人生観に代わるものとして、モームは「ペルシャ絨毯の哲学」を用意しました。これが決して虚無主義でないことは先にも述べました。それどころか、人生に意味がないことがわかれば、それを求めて思い悩むこともなく、ただ、一日一日、一瞬一瞬を一生懸命過ごすべきであるという、禅の奥義を思わせる深遠な人生哲学がここにはあります。そして、その意味が言葉の論理ではなく、ペルシャ絨毯の意匠によって伝えられるところも禅的だと言えるのではないでしょうか。

　仏教の故事に「拈華微笑（ねんげみしょう）」というものがあります。ある説法の際、お釈迦様は何も言わずに花をひねり取って弟子たちの前に差し出しました。みんな何が起こったのか理解できませんでしたが、摩訶迦葉（まかかしょう）という弟子だけがそれを見てにっこりと微笑みました。そしてお釈迦様は、摩訶迦葉に正しい法を授けました。これが以心伝心を旨とする禅

の起源とされています。禅宗には多くの経典が存在しますが、その真の教えは言葉では伝えられません。以心伝心、不立文字こそが禅の極意です。また、諸行無常はお釈迦様の重要な教えの一つですが、禅宗にかぎらず、僧侶たちは何百年も連綿と受け継がれてきた修行を行うことでその教えを悟るのです。ここには大いなる逆説があります。

　古来日本人は、言葉を超えたところにある逆説的な真理の理解を大事にしてきました。私は最近、茶道、華道、書道、武道など、日本文化の中にある「道」の理念に興味を持っていますが、その極意も、それぞれ茶、花、書、武の稽古を続けることで、言葉では説明のできない、逆説的な何かを悟るところにあるのだと思います。クロンショーは、「人生に意味はない」と口で言うのではなく、ペルシャ絨毯の意匠からそれをフィリップに悟らせようとしました。そしてフィリップは、その意匠に思い至って人生に意味がないことを悟り、幸福感を味わうのです。いかにも日本人が好みそうな以心伝心の逸話ですね。私はこの逸話が、日本において『絆』が愛読される一つの理由だと考えています。

　昨今、英語がグローバル化と不用意に結びつけられ、英語を理路整然と用いて世界と「戦う」ことがいいことのように言われることが多いのですが、英語によって東洋的・日本的な価値観を表すことができることを、そしてまた言葉を超えたコミュニケーションがあることを、モームは私たちに教えてくれています。

（斎藤兆史）

Lesson
8

Lesson 1
Lesson 2
Lesson 3
Lesson 4
Lesson 5
Lesson 6
Lesson 7
Lesson 8
Lesson 9
Lesson 10

E.M.フォースター

『インドへの道』

E. M. Forster

A Passage to India

I'm afraid I have made a mistake.

「どうやら勘違いをしていたようです」

E.M.フォースター
『インドへの道』(1924年)

E. M. Forster

A Passage to India

PENGUIN CLASSICS

イギリス統治時代の植民地インドを舞台にして、イギリス人とインド人の複雑な人間関係を描き出した傑作です。

作品全体は三部(モスク、洞窟、神殿)から構成され、これらを通して、作者は、イギリス人(西洋)とインド人(東洋)がいかに理解し合えるかを模索しました。

E(エドワード). M(モーガン). フォースター(1879-1970)は、1879年、建築家の子としてロンドンで生まれました。父親がわずか1歳の彼を残して亡くなったあと、母と大伯母の庇護のもとで、大切に育てられました。ケント州のトンブリッジ・スクールに通学生として通ったのち、1897年にケンブリッジ大学のキングズ・カレッジに入学します。トンブリッジ時代は、学校の厳しい指導方針や、交友関係に悩んだ時期もありました。一方、ケンブリッジ入学後は生涯続く交友関係に恵まれます。中でも彼が勉学のかたわら参加したケンブリッジ使徒会(the Apostles)と呼ばれる秘密結社(勉強会)は、のちに20世紀初頭の文芸界において一大潮流を成したブルームズベリー・グループ(中心メンバーには、レナードとヴァージニアのウルフ夫妻、経済学者のケインズ、数学者・哲学者のバートランド・ラッセルらがいる)の

母体になりました。

　ケンブリッジ大学を卒業後、フォースターは、イタリア、ギリシャ、アフリカ、インドをはじめ世界各地に滞在し、これら異国での経験は作品の随所に活かされています。その一方で、彼はイギリスの田園風景を深く愛したことでも知られ、『ハワーズ・エンド』(*Howards End*, 1910) をはじめとする作品にその思いが描き込まれています。晩年は、キングズ・カレッジ内に住居を得て、平穏な生活を送りました。

　彼が生涯で書いた長編小説は六つあります。第一作『天使も踏むを恐れるところ』(*Where Angels Fear to Tread*, 1905) では、ロンドン郊外に住むヘリトン家の嫁が、未亡人になったのちにイタリアに行き、現地の男性との間に子どもを産んだことが、騒動の発端になります。体面 (respectability) を保つために、子どもをイギリスに連れ帰ろうとするヘリトン家と、イタリア人男性の開放的な価値観が、対照的に描かれています。フォースターの作品では、多くの場合、異なる価値観を持つ人物や場所が対比されますが、次作『果てしなき旅』(*The Longest Journey*, 1907) も例外ではありません。主人公リッキーは、ケンブリッジ大学卒業後、実利的な価値観を重んじるペンブルック家の娘と結婚します。その後、彼は自由気ままにたくましく生きる異父兄弟スティーヴンの存在を知り、強く惹かれますが、妻たちの妨害にあって、最後は失意の末に死亡します。異なる価値観の対立は『眺めのいい部屋』(*A Room with a View*, 1908) でも描かれ、イギリス中産階級出身のルーシーが、イタリアで自由な価値観を持つジョージと出会い、新たな生き方に目覚めていきます。『ハワーズ・エンド』は、イギリス田園地帯にあるハワーズ・エンド邸が、主要な舞台です。ロンドンが大都市として急速に発展しはじめた時代を背景にして、実業家で現実的なウィルコックス氏と、芸術を愛するシュレーゲル姉妹が対照的

に描かれます。この作品冒頭に掲げられた Only connect ...「ただ結び合わせよ…」という言葉が、作品のテーマと密接に関わります。

　1924年には今回の原文の出典であるフォースターの代表作『インドへの道』が出版されました。この作品ではイギリス統治時代の植民地インドを背景にして、在印イギリス人とインドの人々の対立が示される一方で、両者の対立を乗り越えようとする一部の人々の取り組みと葛藤が描かれます。マラバー洞窟をはじめとするインドの壮大な自然、モスクやヒンドゥー教の祭りなども描き込まれ、作品の魅力を高めています。さらにフォースターの死後に出版された『モーリス』(*Maurice*, 1971; 完成は1914) がありますが、この作品は同性愛的性向を持つ人物が登場することで話題になりました。

　フォースターの作品は、映像化されることが多く、『眺めのいい部屋』と『ハワーズ・エンド』は、ジェイムズ・アイヴォリーが監督した美しい作品です。そして『インドへの道』は、巨匠デヴィッド・リーンが映画化しました。彼は Lesson 2 で取り上げたディケンズの『オリヴァー・トゥイスト』を映画化したことでも知られています。原作を丁寧に扱ったこれらの映像作品を、機会があればぜひご覧いただけたらと思います。

全体のあらすじと名場面

　舞台は、植民地インドの架空の町チャンドラポア。主要登場人物は、インド人医師アジズ、イギリス人官立大学学長フィールディング、イギリス人治安判事ヒースロップ、彼の花嫁候補アデラ・クウェステッド、アデラ

を伴ってイギリスからやって来たムア夫人の五人です。現地では、支配者
イギリス人と被支配者インド人が、互いに打ち解けずに生活しています。

　物語の冒頭、インドに来てまもないアデラは、「私は本当のインドが見た
い」と打ち明けます。折しも、インド人とイギリス人の間を取りなしたい
と考えていたフィールディングは、アジズ、アデラ、ムア夫人を正式に引
き合わせます。話の流れで、アジズが二人を多くの洞窟があることで知ら
れるマラバー洞窟という丘陵地帯に案内したいと言い出し、同地への遠足
が盛大に実行されます。

　当日、疲れを感じたムア夫人が休んでいる間に、アジズとアデラは、現
地のガイドとともに洞窟をめぐります。洞窟の一つに入ったアデラは、洞
窟内で反響を聞いたとたん、「何か」に襲われたと感じ、慌てて逃げ帰りま
す。「何か」が明確にされないまま、アジズはアデラに対する暴行未遂のか
どで逮捕されます。裁判の最中にアデラは自分の記憶が誤っていることに
気づき訴えを取り下げますが、その直後に法廷の内外で大混乱が起きます。

　作品の最終部では、ヒンドゥー教の祭りが盛大に描かれ、その後アジズ
とフィールディングが語り合う場面で幕を閉じます。

❰名場面❱

　引用箇所は、アジズが逮捕されたあとの裁判の場面です。アジズの
無罪を信じて法廷の外を取り巻くインドの民衆。法廷の中には、アジ
ズを犯人だと疑わない、多くのイギリス人たち。イギリス人の中で
フィールディングだけが、アジズの無罪を信じて、緊迫した状況を見
守ります。警察部長マクブライドから洞窟で本当にアジズに暴行さ
れたのかと尋問を受けたアデラは、一つ一つ当時の記憶をたどって
いきます。

Lesson 8

「被告はあなたのあとから入って来たのですね？」彼［警察部長マクブライド］は、これまで二人［マクブライドとアデラ］がともに使ってきた、単調な口調で繰り返した。二人は終始あらかじめ申し合わせた言葉を使っていたので、尋問のこの部分からは、びっくりするような供述は出てこなかった。

「お答えする前に三十秒ほど待っていただけませんか、マクブライドさん？」

「もちろんいいですとも」

彼女の頭の中の映像には、いくつかの洞窟が思い浮かんだ。ある洞窟の内部にいる自分と、その外側にいる自分が見えた。入口に目を向け、アジズが中に入るのを見ているのだ。彼の位置がどうしてもつかめなかった。その疑念に彼女はしばしば襲われていたが、それはまるでマラバー洞窟のある丘陵のように、堅固で魅力的なものだった。「それが──」言葉にすることは、記憶の中で映像を思い浮かべるよりも困難だった。「確信はありません」

「何とおっしゃいましたか？」と警察部長が言った。

「よくわかりません…」

「お答えが聴き取れませんでしたが」彼は驚いた面持ちでむっと口を閉じた。「あなたは、その踊り場と言ったらいいのか、そこに立って、それから洞窟に入った。それで被告人がついて来たということだったと思いますが、本当ですか」

彼女は首を横に振った。

「どういうことなのです？」

「いいえ、違うのです」彼女は抑揚のない声でぼそりと言った。部屋のあちらこちらが、わずかにざわつきはじめたが、フィールディングを除いて、何が起こっているのかを誰も理解していなかった。彼は、アデラが神経衰弱になりかかっていること、そして自分の友人［アジズ］が救われたことを見て取った。

「どういうことですか、何をおっしゃっているのです？　はっきりおっ

しゃってください」裁判長は前かがみになった。

「どうやら勘違いをしていたようです」

「どういう性質の勘違いですか?」

「アジズ医師は、私のあとから洞窟に入って来ませんでした」

警察部長は、手にしていた書類を机にたたきつけたが、すぐまた拾い上げて、冷静な調子で言った。──「さあ、ミス・クウェステッド、続けましょう。[事件の]二時間後に私の家であなたが署名した宣誓供述書をこれから読みますよ」

「マクブライドさん、先に続けることはできません。私が直接証人に聞きます。法廷の皆さん、静粛に願います。静粛になさらない場合は、全員退場してもらいます。ミス・クウェステッド、この事件の裁判長である私に向かって話してください。そして、あなたの答えが重大な意味を持っていることを、よく自覚してください。いいですか、あなたは宣誓のもとに発言されるのですよ」

「医師アジズは決して──」

「医学上の理由に基づいてこの裁判の中止を要求する」と、[病院長カレンダー]少佐が、[地方長官]タートンから一言耳打ちされて叫んだ。するとイギリス人が全員直ちに立ち上がったので、裁判長の小さな姿は、大きな白い固まりになった人影に隠れてしまった。インド人たちも全員立ち上がり、たくさんのことが同時に進行したので、あとになって、各人がこの悲劇的な結末について食い違った話をすることになった。

「告訴を取り消すのですか? 答えてください」と正義の代表である裁判長は、金切り声で叫んだ。

アデラ自身にもわからない「何か」が彼女を捉え、この難局を切り抜けさせたのだった。幻影は去り、無味乾燥な現実の世界に戻ってはきたが、彼女はかつて学んだことを忘れてはいなかった。償いと告白──これらはあとでもよかった。しっかりした淡々とした口調で、アデラは言った。「私はすべてを取り消します」

(第2部 第24章)

Lesson 8

'T he prisoner followed you, didn't he?' he repeated in the monotonous tones that they both used; they were employing agreed words throughout, so that this part of the proceedings held no surprises.

'May I have half a minute before I reply to that, Mr McBryde?'

'Certainly.'

Her vision was of several caves. [1] She saw herself in one, [2] and she was also outside it, watching its entrance, for Aziz to pass in. She failed to locate him. It was the doubt that had often visited her, but solid and attractive, like the hills. [3] 'I am not—' Speech was more difficult than vision. [4] 'I am not quite sure.' [5]

'I beg your pardon?' said the Superintendent of Police.

Words & Phrases

monotonous: 変化のない、単調な

agreed: 「あらかじめ協議して決める、申し合わせる」の意の動詞agreeの過去分詞形。ここでは形容詞として使用している

proceedings: (計画された) 一連の進行

failed to ... : …できなかった

locate: 位置を特定する

Superintendent of Police: 「警察部長」。ここではマクブライドを指す

'I cannot be sure ...'
5

'I didn't catch that answer.' He looked scared, his mouth shut with a snap. 'You are on that landing, or whatever we term it, and you have entered a cave. I suggest to you that the prisoner followed you.'

She shook her head.

'What do you mean, please?'

'No,' she said in a flat, unattractive voice. Slight noises began in various parts of the room, but no one yet understood what was occurring except Fielding. He saw that she was going to have a nervous breakdown and that his friend was saved.
6

'What is that, what are you saying? Speak up, please.'
7

The Magistrate bent forward.

'I'm afraid I have made a mistake.'

---

scared: 「(びっくり) 仰天して (いる)」。「驚かす、怯えさせる」の意の動詞 scare の過去分詞形が形容詞として定着したもの

shut with a snap: 「ぱくんと閉じた」。snap は「パチン、パタン (と閉まること)」の意で、ここでは、警察部長の口が素早く閉じるさまを表現している

landing: (階段の) 踊り場、階段の頂上の床面　　**term:** 称する、呼ぶ

I suggest to you that ... : 「…と思うが本当ですか」。弁護人などが証人尋問などに用いる決まり文句

noises: ざわめき　　**Magistrate:** 「治安判事」。ここでは裁判長を指す

bent: 「かがむ」の意の動詞 bend の過去形。この動詞の活用は **bend-bent-bent**

'What nature of mistake?'

'Dr Aziz never followed me into the cave.'

The Superintendent slammed down his papers, then picked them up and said calmly: 'Now, Miss Quested, let us go on. I will read you the words of the deposition which you signed two hours later in my bungalow.'

'Excuse me, Mr McBryde, you cannot go on. I am speaking to the witness myself. And the public will be silent. If it continues to talk, I will have the court cleared. [8] Miss Quested, [9] address your remarks to me, who am the Magistrate in charge of the case, and realize their extreme gravity. Remember you speak on oath, Miss Quested.'

'Dr Aziz never—'

'I stop these proceedings on medical grounds,' cried the

Words & Phrases

deposition: 宣誓
bungalow:「ベランダで囲まれた平屋」。ここでは、マクブライドの自宅を指す
public:「一般の人々」。ここでは裁判の傍聴人を指す。続く文章では、代名詞 it で置き換えられている
address: (人に向けて) 話す
in charge of ... : …を取り仕切る
case: 訴訟事件
oath:「(法廷での) 宣誓」。証人として供述が真実であると誓うこと

Major on a word from Turton, and all the English rose from their chairs at once, large white figures behind which the little Magistrate was hidden. The Indians rose too, hundreds of things went on at once, so that afterwards each person gave a different account of the catastrophe.

'You withdraw the charge? Answer me,' shrieked the representative of Justice.

Something that she did not understand took hold of the girl and pulled her through. Though the vision was over, and she had returned to the insipidity of the world, she remembered what she had learned. Atonement and confession—they could wait. It was in hard prosaic tones that she said, 'I withdraw everything.'

(Part 2, Chapter 24)

Lesson 8

Major:「少佐」。ここでは病院長のカレンダーを指す
account:「(詳しい) 話、説明」。例えば**Accounts differ.** は「人によって話が違う」の意味
catastrophe:「破局」。この語は、悲劇の大詰めという意味も持つ
shrieked: 金切り声で叫んだ
pulled ... through: …に難局を切り抜けさせた
insipidity:「面白みのないこと」。発音は/insípədti/
atonement and confession:「償いと告白」。償いは自ら犯した罪への償いを指し、告白は罪の許しを得るための告白を指す　**prosaic:** 単調な

アデラの記憶の混乱状態と、緊迫した裁判の様子を感じ取るために、丁寧に読み解いていきましょう。

1 Her vision was of several caves.

{ 解説 } Her vision was (the vision) of several caves「彼女の頭の中にある映像は、いくつかの洞窟のそれ（映像）であった」と補うとわかりやすくなります。彼女は、**洞窟で何が起きたのか、記憶をたどろうとしています**。

2 She saw herself in one, and she was also outside it, watching its entrance, for Aziz to pass in.

{ 解説 } 前半部で、「内側にいながら同時に外側にいる」という矛盾した状況が記されているのは、アデラの頭の中で映像が混乱していることを示しています。洞窟、映像、混乱というと、**プラトンの洞窟の比喩**が思い浮かびます。プラトンは洞窟の比喩を通して、多くの人間は自分が見ているかぎられた範囲の世界を真実だと思い込み、外に広がる世界の存在を知らずにいると説明しました。

watchingで始まる文は、直前の部分に補足的な説明を加える分詞構文です。学校英文法では、Itを形式主語に立てるIt ... for ～ to ...の構文がよく出てきますが、for Aziz to pass inは不定詞の意味上の主語を明示するfor ～ to ...の構文です。もしも、この文章がwatching its entrance to pass inなら「（アデラが自分で）中に入ろうと入口を見ながら」となりますが、for Azizがあるために、アジズが入るところをアデラが見ていることになります。

3　It was the doubt that had often visited her, but solid and attractive, like the hills.

解説　文頭のItは、その直前に書いてある内容（記憶の中でアジズの位置が特定できないこと）を指し、それがthe doubt that had often visited her「彼女をしばしば訪れていた疑念であった」、but「しかし」、solid and attractive, like the hills「**マラバー洞窟のある丘陵全体のようにがっしりとして実体があり、魅力的なものに思えた**」ということです。マラバー洞窟は、『インドへの道』冒頭の文章で早くも言及されています。話が進むにつれて、その姿は時にはロマンチックに見える遠景として、時にはすぐそばで立ちはだかる不気味な存在として描かれ続けます。洞窟から距離的に離れ、その場での体験から時間的にも離れることによって、アデラは普段の感覚を徐々に取り戻したのかもしれません。

4　Speech was more difficult than vision.

解説　直訳すると、「言葉は映像よりも難しかった」となります。つまり、記憶の中で当時の映像を整えることも難しかったが、それ以上に言葉にまとめることがうまくいかなかったということです。

Lesson 8

5 I am not quite sure. / I cannot be sure ...

{ 解説 } I am not (quite) sure「私は（あまり）たしかでない（＝よくわからない）」は、確信のないことを示す慣用表現。次の I cannot be sure「よくわかりません」でさらに疑念が深まり、最終的に今回の名文句である I'm afraid I have made a mistake. につながっていきます。

6 He saw that she was going to have a nervous breakdown and that his friend was saved.

{ 解説 } 基本的には、S（He）＋V（saw）＋O「彼はOを見た（悟った）」の第3文型。その目的語Oに当たる部分が二つの節になっています。

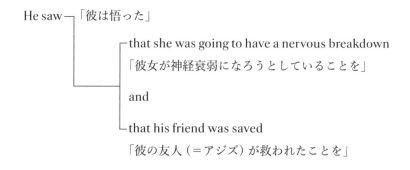

という構造です。二つの that はいずれも節を導く接続詞です。that 節が動詞の目的語になる場合、that は省略されることも多いのですが、とくに二つ目の that は、それが導く節が最初の節と同様に saw の目的語に当たることを示すため、省略せずに置かなくてはいけません。

7 Speak up, please.

{ 解説 } speak up は、「はっきりしゃべる、大声で言う」の意です。ここで
は命令文なので、裁判長がアデラに大きな声でしゃべるように命
じていることがわかります。直後の bent forward「前かがみになった」姿
勢からも、アデラがいったい何を証言しようとしているのか、**一言も漏ら
さずに聴取しようとしている判事の様子**がうかがえます。

8 If it continues to talk, I will have the court cleared.

{ 解説 } if 節中の it は the public を言い換えたもので、「静粛にしない場合
は、全員退場してもらいます」の意。この場面では have が**使役動
詞**で、動詞 V (have) + 目的語 O (the court) + 補語 C (cleared) の形です。
意味は、「O に〜してもらう」すなわち「法廷にいる人々に出て行ってもらう」
の意味です。cleared は「取り除く、排除する」の意の動詞の過去分詞形で、
人が去って法廷が空になる状況を指します。

9 Miss Quested, address your remarks to me, who am the Magistrate in charge of the case, and realize their extreme gravity.

{ 解説 } この部分は命令文です。V (動詞) が二つあり、一つ目の V は
address で O (目的語) は remarks、二つ目の V は realize で O は
gravity です。who 以下の部分は関係代名詞の非制限用法で、me に説明を
加えています。realize their gravity の their は your remarks を指します。

コンマのあとのwho amが見慣れない形かもしれませんが、Iを強調する次のような**分裂文**（cleft sentence；この代表的な形は、日本の学校文法では「it ... that ~の強調構文」として知られています）に現れます。

例 It is I who am to blame.　　　　「悪いのは私だ」
　　It is I who am responsible.　　「私のほうこそ責任があります」

　It isの次に来るのは目的語ではなくて補語なので、これが学校文法では正しいとされる形ですが、**口語表現では It is (It's) meという形が頻繁に使われます**。その場合、関係代名詞以下はwho is (who's) to blame/responsibleとなります。

　さて、本文に現れる形はいずれにも合致しないのですが、本文に現れる形をあえて学校文法的に説明しようとすれば、裁判長の頭の中ではmeがIと一致しているので、それをamで受けたと考えられます。この場面で裁判長は、自分が裁判をつかさどっていることを強調し、アデラに発言の重大さを認識させようとしていると思われます。

10 all the English rose from their chairs at once, large white figures behind which the little Magistrate was hidden

{ 解説 } all から at once までが主節で、large white figures 以下は、補語になっています。all the English と large white figures は、ともに裁判を傍聴しているイギリス人を指します。イギリス人の「大きな白い固まり」が強調され、目の前に迫ってくるように描かれています。white は、彼らが白っぽい服を着ていることや肌の白さをも示しているかもしれません。また、which の先行詞である large white figures と the little Magistrate が**対照的**に描かれ、裁判長の姿が文字通り小さく見えること、さらにはイギリス人の迫力に押しつぶされそうになっている様子を示します。

11 It was in hard prosaic tones that she said, 'I withdraw everything.'

{ 解説 } 「It ... that ~ の強調構文」です。強調しない場合は、She said, 'I withdraw everything' in hard prosaic tones になります。ここでは、in hard prosaic tones が強調されています。裁判長をはじめ、法廷にいる人々が大混乱に陥る状況で、**一番の当事者であるアデラが淡々とした様子でいることが強調されています。**

I'm afraid I have made a mistake.

「どうやら勘違いをしていたようです」

　マラバー洞窟でアジズに暴行されそうになったと思い込んでいたアデラは、裁判での尋問の最中、自分の記憶に対して自信を失っていきます。そして、The prisoner followed you, didn't he?「被告はあなたのあとから入ってきたのですね？」というマクブライドの質問に対し、しばらく考えたのちにI am not quite sure.、さらにI cannot be sure ... と次第に確信を弱め、ついに自らの勘違いを認めます。

　ここで取り上げたアデラのI'm afraid I have made a mistake.は、単なる冤罪の立証にとどまらず、**宗主国イギリスと植民地インド**、あるいは**支配者と被支配者**の間に生じた一触即発の緊張状態を解いたひと言です。今回は残念ながら名場面に含めることができませんでしたが、裁判が行われた蒸し暑い法廷には、手動の扇風機のひもを終始引っ張るインド人が描かれています。法廷に入ったとたん、アデラは彼の姿に惹かれます。彼は、大混乱の法廷に動揺することなく、何事もなかったように風を送り続けながら、運命を決する神のように存在します。この男が送る風の力を受けて、アデラは真実に立ち返り、冷静に証言することができたのかもしれません。

I'm afraid

　接続詞のthatを補って、I'm afraid that ...「私は…（であること）を恐れる、心配する」と考えるとわかりやすいでしょう。ただし、「恐れる」というほど強い意味ではなく、自分にとって都合の悪いこと、言いづらいことを、「もしかしたら…ではなかろうか、どうも…のようだ、残念ながら…です」と不安や遺憾の意を込めて言うときに用いる慣用表現です。

I have made a mistake

　直訳すれば、「私は間違いを犯した」。make a mistakeは「間違いを犯す」の意の慣用表現です。過去形でI made a mistakeと言えば、過去のある時点において「間違いを犯した」という事実だけを述べることになり、その間違いが正されたかどうかはわかりません。

　一方、ここではI have made a mistakeと現在完了形（完了用法）が用いられているので、**ある時点において間違いを犯すという行為が完了し、今のところ間違いを犯した状態にあること**（逆に言えば、今の時点になってようやくそれが間違いであったと判明したこと）が表されています。

　make a mistakeは、『インドへの道』では重要表現です。この表現は、ほかの場面でも使用されています。例えばインドに来て間もないアデラが「インドを見たい」と言ったことに対してタートン地方長官はMiss Quested naturally made mistakes「ミス・クウェステッドは明らかに誤解している」と言います（第1部 第3章）。また、洞窟での事件後にフィールディングがアデラに宛てた手紙を読んだヒースロップが、この手紙に言及する場面ではHe only has the impertinence to suggest you have made a mistake「彼はただ、無礼にも君が勘違いをしていたんじゃないかと言っているんだよ」と語ります。さらに、アデラ自身がAziz ... have I made a mistake?「アジズ…私は間違っていたのかしら？」と自問する場面もあります（第2部 第22章）。現在、英語教育分野では、mistakeは疲労や注意散漫など一過性の要因で犯す誤りを意味し、error（体系的にする誤り）と区別しています。自分の過ちに気づき、訴えを撤回するアデラの状況を考えると、彼女のmistakeはerrorという単語で言い換えることはできないでしょう。

Lesson 8

わかり合うことの難しさ

　フォースターは、捉えどころのない作家と言われてきました。本書でも取り上げているヴァージニア・ウルフは、ふわふわ舞い飛ぶ蝶に例えて、彼の捉えがたさを表現しています。同時代作家のキャサリン・マンスフィールドは、紅茶を入れるときの手順になぞらえて、フォースターは紅茶のポットを温めることには余念がないが、一向に紅茶を入れようとしないと揶揄しています。

　フォースターの捉えどころのなさは、作品にも遺憾なく発揮されています。『インドへの道』では、アデラを洞窟で襲った「何か」は、結局何だったのか、最後まで明かされず謎のままです。彼女が悩まされた「反響 (echo)」も、どのような意味を持つのか、じつはよくわかりません。一つ言えることは、アデラは「見ること」（視覚）に頼る人物として描かれており、これが洞窟内での事件と関連づけられている点です。彼女は、作品の冒頭では I want to see the *real* India.「本当のインドを見たい」と言い（第1部 第3章）、洞窟への遠足の際は双眼鏡を持っていきます。彼女は、洞窟の中でマッチの炎を見た段階では、きれいだと感じます。一方、問題が起きた洞窟の暗がりの中で、自ら湿った壁を指でひっかき、反響を聞いたとき、双眼鏡をつかまれて

「何か」に襲われたとパニックに陥るのです。視覚に傾いた世界に住む
アデラは、すべての感覚で感じ取らなくてはならない場面に遭遇して、
自分の限界を感じたのかもしれません。

　『インドへの道』は、裁判の場面（第2部）で終わりではなく、第3部
「神殿」が続きます。ここでは、ヒンドゥー教の祭りの場面が描かれま
す。音楽がけたたましく鳴り、人々がひしめき合い、額にバターの塊
を載せて飲み込み、混乱ともいえる世界が広がります。まさにすべて
の感覚を総動員しなければ解することができない場面です。祭りのあ
と、最終場面では、心を許し合ったはずのアジズとフィールディング
でさえ、十分にわかり合うことが難しいと示唆されています。

　『インドへの道』が書かれてから、100年以上の年月がたちました。
この作品では、西洋vs東洋の構図が否応なしに見て取れます。果たし
て、現代社会に生きる私たちは、異なる文化との壁を少しでも越えら
れるようになったのか――この作品を読み返すと改めて感じます。

　　文化の壁というと、私はイギリスに行ったときの経験を思い出しま
す。ロンドンのウォータールー駅から列車に乗り、コンパートメント
席に一人で座っていました。車内はだんだん混んできたのに、誰も私

Lesson 8

のそばには座りません。最後まで一人で、なんだか悲しくなりました。
私が東洋人だから誰も座らないのかな、と思いました。おまけに、そ
の列車は、降りるときに扉の窓を開けて、手を外に回して扉の取っ手
をガチャンと下げて、自分で開け閉めする方式でした。そのことを知
らない私が目的の駅で降りようと戸惑っていると、私のうしろには列
車を降りようとする人の長い列ができていました。そのときの私への
冷たい視線は、今でも忘れられません。

　この経験をしてから、日本の電車で外国の人が座っていたら、なる
べくお隣に座るようになりました。日本に来てくださったことへの歓
迎の気持ちを、少しでも示したいと思うからです（相手は不快に思う
かもしれませんが）。文化の壁を少しでも低くする上で、このようなさ
さやかな行動が案外役立つかもしれないと感じています。

（髙橋和子）

Lesson
9

ヴァージニア・ウルフ

『ダロウェイ夫人』

Virginia Woolf

Mrs. Dalloway

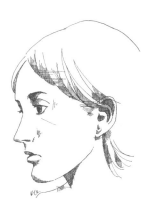

What a lark! What a plunge!

なんという楽しさ！　なんという新鮮さ！

Lesson 1
Lesson 2
Lesson 3
Lesson 4
Lesson 5
Lesson 6
Lesson 7
Lesson 8
Lesson 9
Lesson 10

ヴァージニア・ウルフ

『ダロウェイ夫人』(1925年)

Virginia Woolf

Mrs. Dalloway

PENGUIN CLASSICS

「ベオウルフからヴァージニア・ウルフまで」という表現に見られるように、ウルフはかつて英語圏文学の大きな流れを締めくくる作家と見なされていました。モダニズム文学の代表的な作家の一人である彼女は、「意識の流れ」を通して人々の内面を鮮やかに描きました。

 ァージニア・ウルフ（1882-1941）は、1882年、レズリー・スティーヴンと、その再婚相手ジューリアの次女として、ロンドンで生まれました。レズリーは、文芸批評家・哲学者として名高く、ウルフが生まれた年に『英国人名事典』（*Dictionary of National Biography*）の編集主任に就任しました。レズリーに会うために、19世紀のイギリスを代表する批評家ジョン・ラスキンや、小説家・批評家のヘンリー・ジェイムズをはじめとする錚々（そうそう）たる顔ぶれの文化人が自宅を訪れ、幼い頃からウルフは芸術的な環境の中で育ちました。レズリーは娘たちの教育に熱心で、ギリシャ語やドイツ語を教えたり、自分の書物を自由に読むことを許したりしたといわれています。また、慈愛に満ちた母が1895年に亡くなるまで、一家は夏になると海辺の別荘に出かけました。普段はロンドンでの都会暮らし、夏になると海辺での暮らしという一連の体験が、のちの執筆に影響を与えたと考えられます。

　1904年に父親が死んだのち、ウルフは、兄トービー、弟エイドリアン、姉ヴァネッサと、ロンドンの中心地区・ブルームズベリーに移り住みます。トービーはケンブリッジ大学進学後、文学や人生について語り合う会合に参加していましたが、これが発展してLesson 8でも言及したブルームズベリー・グループと呼ばれる文化人たち（経済学者ケインズ、数学者・哲学者ラッセル、伝記作家ストレイチー、小説家フォースター等）の集まりになり、ウルフも同席することが常でした。1912年、ブルームズベリー・グループの一員で、セイロン（当時）から帰国した政治経済論者・作家のレナード・ウルフと、彼女は結婚します。

　1915年、ウルフは、最初の小説『船出』（*The Voyage Out*）を出版します。主人公レイチェルは、父親とともに船旅に出かけ、船客との出会いを通して自己に目覚め、恋を知ることになりますが、最後は若くして亡くなります。船客の中には今回取り上げる作品の中心人物ダロウェイ夫妻が含まれ、レイチェルと語り合う場面もあります。1917年、夫とともにホガース・プレス（出版社）を創立、同社から『ダロウェイ夫人』、『灯台へ』（*To the Lighthouse*, 1927）、『オーランドー』（*Orlando*, 1928）、『波』（*The Waves*, 1931）などを出版します。『ダロウェイ夫人』と並んで、『灯台へ』はウルフの代表作と目されますが、ここに登場するラムジー夫妻は、彼女の両親がモデルだといわれています。慈愛に満ちたラムジー夫人が突然死亡、気難しい哲学者ラムジー氏と子どもたちが残され、彼らは年を経て灯台に出かけます。ウルフの最後の作品になった『幕間』（*Between the Acts*, 1941）は、『ダロウェイ夫人』と同様に、ほぼ一日の出来事を描いた作品です。時は1939年、イギリス田園地方にある邸宅で、野外劇が催されます。この作品では、主催者、観客など、劇に関わるさまざまな人々の心理が描かれています。

　1941年、ウルフは『幕間』を書き終えましたが、出版を待たずに入水自殺

を遂げました。自宅には、夫と姉に宛てた遺書が残されていました。長年にわたって苦しめられてきた神経衰弱や幻聴、発作への恐怖心などが自殺の原因と考えられています。ウルフを死に至らしめた症状は、彼女の神経過敏が影響したという説もあります。さらに、ヴィクトリア朝時代に求められた女性像と、ウルフ自身の内面の間に葛藤があり、彼女の精神が苦しめられてきたことも一因として考えられるでしょう。

　今回読んでいただく『ダロウェイ夫人』は、以下のあらすじにあるように決して波乱万丈の物語ではありません。この小説の主な内容は、クラリッサやピーターの脳裏に浮かぶ過去の記憶や、現在の心模様です。この小説に見られるように、ウルフの作品の特徴は、出来事が物語の骨組みになるのでなく、登場人物の心の動きが主軸である点です。このように登場人物の意識を中心に描く手法は、「意識の流れ（stream of consciousness）」として広く知られています。意識の中身を描く上で、多彩な話法が駆使されており、移ろいやすい心のありようが、正確に写し出されていきます。『ダロウェイ夫人』の英文は、ウルフのほかの作品同様にかなり難解で読みにくい部分もありますが、ぜひ読解にチャレンジしてみてください。作品を読めば読むほど、ダロウェイ夫人をはじめとする人々の人物像が立ち上がってくると思います。

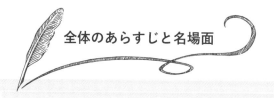

全体のあらすじと名場面

　第一次世界大戦後の1923年6月中旬の朝、52歳のダロウェイ夫人（クラリッサ・ダロウェイ）は、その日の夕刻に自宅で開催予定のパーティーのた

めに花を買いに出かけます。朝のさわやかな空気を吸いながら、ロンドンの街中で散歩を楽しみます。知人と挨拶を交わし、買い物を済ませ、さまざまなことに思いを馳せながら、ウェストミンスター地区にある家に帰ります。

　この日、インドから帰国したピーター・ウォルシュが、クラリッサの自宅に挨拶に来ます。二人に若い頃の記憶がよみがえり、彼がエミリー・ブロンテの小型本（おそらく『嵐が丘』）を、クラリッサにプレゼントしたことも思い出されます。ピーターは、かつてクラリッサの恋人でしたが、彼の求愛を振り切って、彼女はリチャード・ダロウェイと結婚したのです。出世がかなわなかったピーターとは対照的に、リチャードは国会議員として着実に出世し、今日のパーティーには総理大臣もやって来るほどです。

　この物語は、ダロウェイ夫人のほかにセプティマス・ウォレン・スミスという人物の視点からも展開していきます。彼は大戦に兵士として従軍し、戦争の後遺症で精神的な障害に苦しめられています。追い詰められた彼は、自宅の窓から飛び降りて自殺します。夕刻、ダロウェイ家でパーティーが始まります。セプティマスが飛び降り自殺をしたらしいことが話題に出ますが、何事もなかったかのようにパーティーはなごやかに進行します。このパーティーには、ピーターやクラリッサの旧友も訪れ、彼らは年を重ねたクラリッサの姿を見つめるのでした。

《 名場面 》

引用箇所は、冒頭部分です。今晩のパーティーに備えて、ダロウェイ夫人は買い物に出かけます。朝のさわやかな空気に包まれながら、散歩を楽しんでいるうちに、過去の記憶がよみがえります。恋人だったピーターと実家で過ごした思い出が、目の前のロンドンの風景と重ねて描かれます。そのほかにも、ダロウェイ夫人の意識に上った人々や、街を行きかう人々が登場します。

ダロウェイ夫人は、私がお花を買ってくるわ、と言った。

何しろルーシーは、やることが一杯あるのだから。扉を蝶つがいから外すので、ランプルメイヤーの職人たちが来ることになっているし。それにしても、とダロウェイ夫人は思った。なんという素晴らしい朝かしら。海辺で、子どもたちに向かって吹く朝の空気のように、気持ちがいいわ。

なんという楽しさ！　なんという新鮮さ！　昔、ブアトンでフランス窓をさっと開け、大気の中に飛び込んでいくときもそうだった。そのときの蝶つがいのキーキーきしむ音が、今も聞こえるよう。早朝の空気は、なんて新鮮で、なんて穏やかだったことか。もちろん、ロンドンよりもずっと静かだった。さざ波が寄せるように、波が素足をキスしてゆくように、冷たく鋭い感じで、しかも（当時十八歳の娘であった私にとって）厳かな感じだった。開け放ったフランス窓のところにたたずみながら、こんな風に何か恐ろしいことが起こりそうな予感を持ったのだ。そして花や、煙が立ち昇る木々や、飛び立ったり舞い降りたりするミヤマガラスを立ち尽くし

て見ていると、ピーター・ウォルシュが言った。「野菜の中で瞑想している
の？」だったかしら。それとも彼は、「カリフラワーより、人間のほうが好
きだ」と言ったのかしら。彼がそう言ったのは、ある朝、朝食の際に、私が
テラスに出て行ったときに違いない――ピーター・ウォルシュ。彼は、近
いうちにインドから帰ってくるだろう。六月だったか七月だったか忘れて
しまった。彼の手紙がひどく退屈だったから。印象に残っているのは、彼
の言葉。彼の目、ポケットナイフ、微笑み、あの気難しさ。何百万ものこと
が完全に記憶から消え去ったとき、［記憶によみがえったのは］キャベツに
ついての多少の言葉だとはなんて不思議なことか。

　ダートノールの車が通り過ぎるのを待ちながら、彼女は縁石の上で少し
体をこわばらせた。「素敵な女性だ」とスクロープ・パーヴィスは思った
（ウェストミンスターに隣り合って住む人々が、互いを知る程度には、彼は、
彼女を知っていた）。少し鳥に似た感じがする。カケスみたいだ。青緑色で、
軽やかで、快活だ。五十歳を過ぎて、病気をしたあとに髪の毛がかなり白
くなったけれども。彼女は立ち止まり、彼に気づくことなく、体をまっす

ぐにして、道を横切ろうと待っていた。

　というのも、ウェストミンスターに──何年ぐらい住んでいるのかし
ら？　二十年以上かしら──ずっと住んでいるから、交通量が多い中でさ
え、夜中に目が覚めたときでさえも、ビッグベン［国会議事堂の大時計］が
鳴る直前に、特殊な静けさ、厳かさ、名づけがたい間ま、不安サスペンス（しかし、これ
は心臓が原因かもしれない。インフルエンザにかかったあと、調子がおか
しいそうだから）を、たしかに感じる。ほら、鳴った。まず、音楽的な前知
らせ。その次に、決定的な時を知らせる音。鐘の音が、鉛色の輪になって空
中に溶けた。私たち人間はなんて愚かなのかしらと、彼女はヴィクトリア
通りを横切りながら思った。というのも、神様だけがご存じで、私たちに
はあずかり知らないことなのに…なぜ人は、こんなにも人生を愛し、人生
を眺めようとするのか。人生を組み立て、自分の周りに造り上げ、これを
ひっくり返して、瞬間ごとに新たな人生を創造するのか。でも、あか抜け
ない女たちも、玄関の踏み石に座り込んでいる惨めで落胆しきった男たち
も（彼らの没落に乾杯！）、同じように人生を愛している。人生を深く愛し

ているという、まさにその理由で、法律は彼らをどうすることもできない
のだわ。人々の眼に、軽快な、てくてくとした、あるいは重い足取りに、怒
鳴り声やわめき声に、馬車、自動車、バス、運搬車に、足を引きずりながら
体を左右に揺さぶって歩くサンドイッチマンに、ブラスバンド、辻音楽師の
手回しオルガン、頭上の飛行機の意気揚々とした爆音の異常に高い響きの
中に、私の愛するものすべてがあった。人生、ロンドン、六月のこの瞬間が
あった。

　今は六月半ば。大戦は終わった。ミセス・フォックスクロフトのような人
を除いて。昨夜の大使館のパーティーでも、悲嘆にくれていらっしゃった。
なぜってあの素晴らしいご子息を亡くされて、歴史のある邸宅を従弟に渡
さなくてはならなくなってしまったから。それから、レイディ・ベクスバ
ラは、最愛の息子さん、ジョンの戦死を伝える電報を手にしたまま、バ
ザーを開いたそうだわ。でも、とにかく終わった。ありがたいことに終
わった。今は六月なのだ。

（冒頭部分より）

下線部に気をつけながら読みましょう。

**M**rs. Dalloway said she would buy the flowers herself.

For Lucy had her work cut out for her. The doors would be taken off their hinges; Rumpelmayer's men were coming. And then, thought Clarissa Dalloway, what a morning—fresh as if issued to children on a beach.

What a lark! What a plunge! For so it had always seemed to her when, with a little squeak of the hinges, which she could hear now, she had burst open the French windows and plunged at Bourton into the open air. How fresh, how calm, stiller than this of course, the air was in the early morning; like the flap of a wave; the kiss of a wave; chill and sharp and

Words & Phrases

had her work cut out for her:「手一杯の仕事がある」の意の have one's work cut out for one の三人称単数過去形

issued:「(水・煙などを) 出す、放出する」の意の動詞 issue の過去分詞形

lark: 楽しいこと、愉快なこと　**plunge**: 飛び込むこと

squeak: キーキー、ギシギシいう音　**hinge(s)**: 蝶つがい

French window(s):「フランス窓」。蝶つがいで開閉する開き窓。通常、テラスやポーチに出入りできる大きな窓

plunged into ...:「…に飛び込んだ」。既出の What a plunge! と呼応する。前者の品詞は名詞、ここでは動詞

Bourton: Bourton-on-the-Water が正式名称。グロスターシャーにある美しい村。クラリッサの実家がある場所

flap:「(旗などが) はためく動き」。ここでは波の様子を描写している。さざ波のイメージ

yet (for a girl of eighteen as she then was) solemn, feeling as
she did, standing there at the open window, that something
awful was about to happen; looking at the flowers, at the
trees with the smoke winding off them and the rooks rising,
falling; standing and looking until Peter Walsh said, 'Musing
among the vegetables?'—was that it?—'I prefer men to
cauliflowers'—was that it? He must have said it at breakfast
one morning when she had gone out on to the terrace—Peter
Walsh. He would be back from India one of these days, June
or July, she forgot which, for his letters were awfully dull; it
was his sayings one remembered; his eyes, his pocket-knife,
his smile, his grumpiness and, when millions of things had
utterly vanished—how strange it was!—a few sayings like

was about to ... :「まさに…しようとして」の意の**be about to ...**の三人称単数過去形

winding off ... :「(巻いたものを) …から巻き戻す」の意の**wind off**の現在分詞形

rook(s):「ミヤマガラス」。イギリスでもっともよく見られる鳥とも言われている

musing:「瞑想する」の意の動詞**muse**の現在分詞形。省略のない文章にすると、**Are you musing among the vegetables?** となる

prefer ... to ~:「～よりも…のほうが好きである」

cauliflower(s):「カリフラワー」。キャベツの栽培品種の一つ。そのため、同じパラグラフの後半に「キャベツについての多少の言葉」という表現がある

on to ... :「…のほうへ」。**onto**と一語でつづる場合が多いが、イギリス英語では、**on to** と二語にする場合が多い

one of these days: そのうちに、近日中に　**dull**: 退屈な、飽き飽きする

grumpiness:「気難しさ、不機嫌さ」。形容詞は**grumpy**　**utterly**: 完全に、すっかり

this about cabbages.

She stiffened a little on the kerb, waiting for Durtnall's van to pass. A charming woman, Scrope Purvis thought her [7] (knowing her as one does know people who live next door to one in Westminster); a touch of the bird about her, of the jay, blue-green, light, vivacious, though she was over fifty, and grown very white since her illness. There she perched, never seeing him, waiting to cross, very upright.

For having lived in Westminster—how many years now? over twenty,—one feels even in the midst of the traffic, or [8] waking at night, Clarissa was positive, a particular hush, or

Words & Phrases

stiffened: (体などが) こわばった、硬直した
kerb: (歩道の) 縁石
Westminster: 「ウェストミンスター」。ロンドン自治区の一つ。国会議事堂、ウェストミンスター寺院、バッキンガム宮殿、上流住宅地がある地域
a touch of ... : ちょっとした…
jay: 「カケス」。きれいな羽毛を持つ鳥
vivacious: 快活な、陽気な　**perched:** (鳥が) 止まった
positive: 確信している　**hush:** 静けさ、静寂

solemnity; an indescribable pause; a suspense (but that might be her heart, affected, they said, by influenza) before Big Ben strikes. There! Out it boomed. First a warning, musical; then the hour, irrevocable. The leaden circles dissolved in the air. Such fools we are, she thought, crossing Victoria Street. For Heaven only knows why one loves it so, how one sees it so, making it up, building it round one, tumbling it, creating it every moment afresh; but the veriest frumps, the most dejected of miseries sitting on doorsteps (drink their downfall) do the same; can't be dealt with, she felt positive, by Acts of Parliament for that very reason: they love life.

---

solemnity: 荘厳、厳かさ　**boomed**: (鐘などが) 鳴った

warning: 「予告」。時を知らせる前に鳴るチャイムを指す。日本の多くの学校で鳴る、チャイムのモデルとしても有名

irrevocable: 取り消せない、変更できない

tumbling: 「崩す、取り壊す」の意の動詞tumbleの現在分詞形

afresh: 新たに、ふたたび　**veriest**: veryの最上級。古い言い方

frump(s): (服装の) 野暮ったい女性、あか抜けない女性

dejected: 「気力を失わせる、落胆させる」の意の動詞dejectの過去分詞形。あとに続くofは、原因・理由を示す前置詞

downfall: 没落、失脚

Acts of Parliament: 「議会制定法」。立法府のイギリス議会が制定した法律

Lesson 9

In people's eyes, in the swing, tramp, and trudge; in the bellow and the uproar; the carriages, motor cars, omnibuses, vans, sandwich men shuffling and swinging; brass bands; barrel organs; in the triumph and the jingle and the strange high singing of some aeroplane overhead was what she loved; life; London; this moment of June.

For it was the middle of June. The War was over, except for some one like Mrs. Foxcroft at the Embassy last night eating her heart out because that nice boy was killed and now the old Manor House must go to a cousin; or Lady Bexborough who opened a bazaar, they said, with the telegram in her hand, John, her favourite, killed; but it was over; thank Heaven—over. It was June.

(From the beginning)

Words & Phrases

swing: 軽快な足取り　**tramp:** (町などを) てくてく歩くこと　**trudge:** 重い足取り
bellow: 人の怒鳴り声　**uproar:** わめき叫ぶ声　**omnibuses:** 乗合自動車、バス
sandwich men: 「サンドイッチマン」。2枚の広告板を前後につけてねり歩く人
shuffling:「足を引きずって (よろよろ) 歩く」の意の動詞 shuffle の現在分詞形
barrel organs:「手回しオルガン」。首にかける小型のものは、辻音楽師らが使う
except for ... : …を別にすれば、…を除いて
eating her heart out:「悲嘆に暮れる」の意の eat one's heart out の現在分詞形
Manor House: 荘園領主の邸宅

◆ 語法・文法解説 ◆

作品冒頭部では、ダロウェイ夫人の意識が中心に描かれます。
省略部分が多く、現在と過去が交錯するため、小説を読む難しさと楽しさの両方を
感じ取ることができます。急がず、じっくり読んでいきましょう。

---

1 **Mrs. Dalloway said she would buy the flowers herself. For Lucy had her work cut out for her. The doors would be taken off their hinges; Rumpelmayer's men were coming.**

{ 解説 }　冒頭の一文は間接話法で書かれています。直接話法と間接話法は、おなじみだと思いますが、簡単にまとめておきましょう。

① Mrs. Dalloway said that she would buy the flowers herself.

　間接話法の文章です。**ダロウェイ夫人が言ったことを、語り手の立場から言い直しています。**夫人を三人称で示し、基本時制として過去形を使用しています。冒頭の引用の文章とほぼ同じですが、引用部ではthatが省略されています。間接話法の文章では、伝達動詞がsayやtellの場合、thatはよく省略されます。

② Mrs. Dalloway said, 'I will buy the flowers myself.'

　直接話法の文章です。**語り手が、ダロウェイ夫人が言ったことを、そのまま引用しています。**間接話法よりも、登場人物の声が強く出る特色があります。

　小説や物語には、直接話法でも、間接話法でもない話法が、用いられることがあります。とくに**自由間接話法**（描出話法と呼ぶ専門家もいます）は、文体論を中心に注目されてきました。この話法では、伝達節（She said, ...

Lesson 9

やShe thought …など）が用いられず、登場人物が頭の中で思い描いたことを、語り手の立場（文法）から言い換えます。以下の引用の二文は、自由間接話法の例と言えるでしょう。

③For Lucy had her work cut out for her. The doors would be taken off their hinges; Rumpelmayer's men were coming.

伝達節がなく、しかもダロウェイ夫人の脳裏に浮かんだことを、そのまま表現していません。もしも、彼女の思考を直接話法でそのまま表現するとしたら、'Lucy has her work cut out for her. The doors will be taken off their hinges; Rumpelmayer's men are coming.' のような時制になるはずです。

　自由間接話法（③）は、間接話法（①）と直接話法（②）の中間的な文体です。自由間接話法を用いると、語り手の客観的な描写から、登場人物の心理描写への移行を円滑に行うことができます。そのため、語りの声を響かせつつ、次第に登場人物の心理の内部に視点を移すときなどに用いられる傾向があります。自由間接話法は日常会話では用いられませんが、**小説や物語で心理描写を行う上で効果的な文体**と言えるでしょう。

　なお最初の文では、冒頭部分にもかかわらず、**the flowersと定冠詞を使う点**も、気になるところです。基本的な文法では、定冠詞は、聞き手や読み手が共通認識できるものに使うはずです。定冠詞を用いた理由を特定することは難しいですが、パーティー用の花だと示そうとしている、どの花を買うのかすでに決めている、さらに象徴的な存在として花が用いられているとも考えられます。実際、のちの場面で、白いカーネーションや赤いバラ、紫色のアイリスが出てきます。これらの意味を考えることは、作品を深く理解する一助になるかもしれません。

2 fresh as if issued to children on a beach

{ 解説 } (The morning was) fresh as if (it were) issued to children on a beach.のように、括弧内の語句が省略されていると考えると、わかりやすいでしょう。issue「出す、発する」という動詞が使われているところから考えて、ダロウェイ夫人が「朝」を空気のようなものとして感じていることがわかります。

3

For so it had always seemed to her when, with a little squeak of the hinges, which she could hear now, she had burst open the French windows and plunged at Bourton into the open air.

{ 解説 }　Forは、「…というのも〜」の意味を持つ等位接続詞です。前に述べたことの根拠を示します。意識の流れをつなぐために、『ダロウェイ夫人』ではこの接続詞が頻繁に使われます。

　For以下の文章の軸を示すと、so it had always seemed to her when ... she had burst open the French windows and plunged at Bourton into the open air になります。so は seemed の補語で、先行する What a lark! What a plunge! の内容を指すと考えると、ブアトンで窓を開けて外気に飛び込んだとき、「彼女が、いつもこのように感じた」の意味になります。補語である so を文頭に置くことによって意味が強調され、彼女が何度もこのように感じてきたことを示唆します。

　when 以下は彼女がいつそのように感じていたのかを示し、she had burst open the French windows「フランス窓をさっと開け」、and「そして」(she had) plunged at Bourton into the open air「ブアトンで大気の中に飛び込んだとき」となります。物語は基本的に過去形で示されるため、今起きていること（ダロウェイ夫人がロンドンの街並みを歩いていること）以前にブアトンで起きた出来事は、過去完了形で示されています。ここではその時間の関係が維持されていますが、**視点が登場人物の内面に入り込むと、過去の回想が物語の現在として過去形、さらには現在形で語られることもある**ので、とくに「意識の流れ」の手法で書かれた小説では、この場面において、誰が、いつのことを語っている（あるいは回想している）かに注意することが重要です。

　with a little squeak of the hinges, which she could hear now は付帯状況を表す with が導く挿入句で、which 以下は squeak を修飾しています。which she could hear now「彼女には今も聞こえるような」、with a little squeak of the hinges「蝶つがいのキーキーきしむ音とともに」の意です。

　hinges「蝶つがい」は、実際の蝶つがいであるとともに、ダロウェイ夫人の過去と現在をつなぐ役目も果たします。記憶の中に埋め込まれているのは、実家のフランス窓の蝶つがい。現在の蝶つがいは、建具屋が修理するドアのそれです。視覚だけではなく、聴覚とも結びついている記憶です。

4

How fresh, how calm, stiller than this of course, the air was in the early morning; like the flap of a wave; the kiss of a wave; chill and sharp and yet (for a girl of eighteen as she then was) solemn

{ 解説 }　How は、感嘆文を作る疑問副詞 how です。How fresh, how calm ... the air was in the early morning ... が、軸になる部分です。挿入されている部分は、(the air in Bourton was) stiller than this (air in London,) of course「もちろん、[ブアトンの大気はロンドンよりも] ずっと静かだった」のように言葉を補うと、わかりやすくなります。

　続くセミコロン以下にも言葉を補うと、(the air was) like the flap of a wave; (the air was like) the kiss of a wave; (the air was) chill and sharp and yet ... solemn「さざ波が寄せるように、波が素足をキスしてゆくように、冷たく鋭く、しかも…厳かな感じだった」の意味になります。ブアトンの朝の大気を、波に例えて描写しています。**ウルフの作品では、このような海のイメージが繰り返し用いられています。**

5

feeling as she did, standing there at the open window, that something awful was about to happen; looking at the flowers, at the trees with the smoke winding off them and the rooks rising, falling; standing and looking

{ 解説 }　feeling以下では、ダロウェイ夫人の意識の中で昔の自分と現在の自分が重なり合う様子が、連続する現在分詞によって表されています。それぞれの意味上の主語が明示されていないので、分詞構文としては変則的ですが、「意識の流れ」の手法においては、このように学校文法できれいに説明できない文が現れることもまれではありません。あえて説明を試みれば、**4**で解説した感嘆文の前にShe thought, という伝達節が隠れており、そのSheが意味上の主語だと考えればわかりやすいかもしれません。

　as she didのdidはfeltを言い換えたもので、feeling as she did「感じているように感じながら」というのは、類語反復（tautology）のようにも見えますが、主節を言い換えた形を接続詞のas以下で繰り返す構文は、「**こんな風に**」**の意味**でよく用いられますので、覚えておいてください。

　standing there at the open window「開いた窓のところにたたずみながら」は、先のfeeling ... と並列の関係にある分詞構文。that節以下は、feelの目的語です。something awfulは、夫人が若い頃、恋人だったピーターと別れたてんまつを指します。セミコロンのあとのlooking at ..., standing and lookingの部分も、先のfeeling ..., standing ... と並列の関係にある付帯状況を示す分詞構文です。クラリッサが、何をしながら物思いにふけっていたのかを説明しています。途中のwith ... rising, falling も、前置詞withを用いて付帯状況を示しています。

6 it was his sayings one remembered; his eyes, his pocket-knife, his smile, his grumpiness

{ 解説 } 「It ... that ~ の強調構文」です。くだけた言い方では、thatが省略
されることがあります。it was his sayings (that) one remembered; (it
was) his eyes, his pocket-knife, his smile, his grumpiness (that one
remembered)のように補うとわかりやすいでしょう。ポケットナイフを
ピーターがいじくる場面は、作品の複数箇所で描写されています。

7 A charming woman, Scrope Purvis thought her (knowing her as one does know people who live next door to one in Westminster); a touch of the bird about her, of the jay, blue-green, light, vivacious, though she was over fifty, and grown very white since her illness.

{ 解説 } ダロウェイ夫人の様子を描くために、端役のスクロープ・パー
ヴィスの視点が取り入れられています。冒頭は、Scrope Purvis
thought her (to be) a charming womanの補語の部分が先に出た形です。
Scrope Purvis thought ... で始まるより、**視点と意識描写がすっと次に移っ
ている**感じがしますね。括弧（　）で囲われた部分、knowing her as one
does know people ...（直訳すれば、「普通の人がウェストミンスターで自
分の隣に住む人々を知っているように彼女を知っている」）の時制は現在
形です。小説や物語の基本時制は過去形ですが、ここで現在形が使われて
いる理由は、一般的な傾向として語り手が説明を加えている部分だから、

Lesson 9

221

と言えるでしょう。セミコロンのあとのa touch of ... vivaciousは、上で説明したA charming womanと並列の関係にあります。最後のthough以下は、夫人の見かけに関するプラスの評価に対する留保条件です。

8 one feels even in the midst of the traffic, or waking at night, Clarissa was positive, a particular hush, or solemnity; an indescribable pause; a suspense (but that might be her heart, affected, they said, by influenza) before Big Ben strikes.

{ 解説 } この文章は、夫人の断片的な意識や印象を羅列しているので文法的には捉えづらいですが、あえて説明しようとすれば、間接話法と考えることができます。Clarissa was positiveが伝達節に相当する部分です。語順を変えて、言葉を補って構文を示すと

Clarissa was positive (that) ─┐ 「クラリッサはたしかに思った」

┌─ (one feels) a particular hush, or solemnity (before Big Ben strikes)
│ 「(ビッグベンが鳴る前に) 特殊な静けさ、厳かさ (を感じる)」
│
│ ;「そして」
│
│ (one feels) an indescribable pause (before Big Ben strikes)
│ 「(ビッグベンが鳴る前に) 名づけがたい間 (を感じる)」
│
│ ;「さらに」
│
└─ (one feels) a suspense (before Big Ben strikes)
   「(ビッグベンが鳴る前に) 不安^{サスペンス} (を感じる)」

となります。oneは一般に人を指す用法ですが、ここではむしろクラリッサを指していると思われます。oneには少しもったいぶった言い方ですが自分を示す用法もあります。

　そしてどのような状況下でこのように感じるかというと

even in the midst of the traffic, or waking at night
「交通量が多い中でさえ、夜中に目が覚めたときでさえも」

となります。括弧内の(but that might be her heart, affected, they said, by influenza)は、クラリッサの心に同時に思い浮かんだことを示して「しかし、これは［このように感じるのは］心臓が原因かもしれない。インフルエンザにかかったあと、調子がおかしいそうだから」となります。they saidのtheyが誰かはわかりませんが、affected by influenza「インフルエンザにかかったために」という確信もなく、複数の他人の言によれば、どうやらそうらしい、という情報をこの二語は伝えています。

9　The leaden circles dissolved in the air.

{ 解説 }　leaden circles は、文字通りの意味は「鉛の輪」ですが、ここでは鐘の音が大気中に溶けるように消えていく様子を表しています。ビッグベンの鐘の音は、『ダロウェイ夫人』で何度も言及されます。登場人物の記憶の中で、時間は伸びたり縮んだりしますが、ビッグベンは、いわゆる「時計の時間」を刻みます。時計は、誰にとっても同じ長さの時間を正確に刻み、今という時を提示する役目を果たします。

10　For Heaven only knows why one loves it so, how one sees it so, making it up, building it round one, tumbling it, creating it every moment afresh

{ 解説 }　it は、あとの文章で出てくる life を指します。making ..., building ..., tumbling ..., creating ... は、how one sees it so の部分を補足する分詞構文です。人は、人生を作り上げては、また壊し、また作るという繰り返しを行っていると述べています。砂上の楼閣のイメージです。**瞬間**（**every moment**）への言及があり、人生は瞬間から構成されているという作者の考えが読み取れます。

11 ; can't be dealt with, she felt positive, by Acts of Parliament for that very reason: they love life.

{ 解説 } 　セミコロン (;) の直後に、主語の they (the veriest frumps, the most dejected of miseries) が省略されています。she felt positive (that they) can't be dealt with by Acts of Parliament for that very reason: (that is,) they love life. (直訳すれば、「彼女は、彼らが人生を愛しているという、まさにその理由のため、議会制定法によってどうすることもできないことを確信していた」) と語順を変えて、言葉を補うとわかりやすいでしょう。

　この文章では、**セミコロンとコロン** (:) **の違い**にご注意ください。『ダロウェイ夫人』をはじめとして、意識の流れを描く作品では、セミコロンを多用する傾向があります。セミコロンは、コンマ (,) とピリオド (.) の中間的な意味を持ち、意識が途切れることなく続いていることを示します。一方、この文章で使われているコロンは、「すなわち〜」を意味し、コロンの次には具体的な説明が続きます。

12 was what she loved

{ 解説 } 　この表現の前にある、people's eyes から aeroplane overhead までに書かれた、ロンドンの人々や事物すべて「の中に」(文頭の In)、ダロウェイ夫人が愛するものがあるということです。

　この文章は**倒置構文**です。通常の語順では What she loved was in people's eyes, in the swing, tramp, and trudge ... のようになります。in 以下の場所を示す副詞句が強調のために文頭に置かれ、動詞 (was) が続き、主語の部分 (what she loved) が文尾に来ています。

Lesson 9

225

What a lark! What a plunge!

なんという楽しさ!　なんという新鮮さ!

　What a lark! What a plunge! は、ダロウェイ夫人が、ロンドンを散歩している際、あふれ出た思いです。さわやかな朝の空気が、過去の記憶を呼び戻します。自然豊かな環境の中で過ごした若き日々の思い出が、現在と重なり合います。研ぎ澄まされた感覚を通して得られた、**かけがえのない瞬間**を指し示します。

省略のある感嘆文

　感嘆文は、喜びや驚き、悲しみなどの感情を表す際に用います。疑問詞のwhatやhowで始まる形式が一般的で、文末に感嘆符 (!) を付けます。ここで取り上げる二つの感嘆文では、形容詞と主語＋動詞が省略されています。感嘆文では、主語＋動詞が省略されることがよくありますが、whatで始まる感嘆文では、形容詞が入らない場合もあります。その際は、**言外の気持ちを補って解釈する必要**があります。

例 How strange!　　　「変だなあ！」　　　　　　　（主語＋動詞を省略）

　　 What a cool car!　「なんてかっこいい車なんだろう！」

　　　　　　　　　　　　　　　　　　　　　　　　（主語＋動詞を省略）

　　 What a surprise!　「びっくりしたなあ！」（形容詞、主語＋動詞を省略）

　今回の名文句には、（朝の空気に飛び込む気持ちは、）「なんという楽しさ！　なんという新鮮さ！」のように、**言外の気持ち**が込められています。クラリッサが、朝のロンドンの空気の中に飛び込んで、すがすがしい気持

ちになっていることを示します。What a lark! は、定型表現として「これは面白い！」という意味で使われることもあります。

多層な意味を持つplunge

plunge の文字通りの意味は、大気や水中に「飛び込む（こと）」を指します。

名文句ではみずみずしい感覚を表すために、「新鮮さ」という訳語を当てました。ウルフは時や記憶と結びつけて、この単語を使っています。以下は、ダロウェイ夫人が、鏡の中の自分をじっと見つめる場面です。

... as if to <u>catch the falling drop</u>, Clarissa (crossing to the dressing-table) <u>plunged into</u> the very heart of <u>the moment</u>, transfixed it, there—<u>the moment</u> of this June morning on which was the pressure of all the other mornings ....

（下線筆者）

「…あたかも落ちていくしずくを受け止めるように、クラリッサは（化粧台に向かって部屋を横切りながら）瞬間のど真ん中に飛び込み、瞬間をそこにくぎ付けにした——すべてのほかの朝が凝縮している、この六月の朝の瞬間を…」

catch the falling drop は、過ぎ行く瞬間をこぼさぬようにすくい取ろうとしている様子を表し、感覚を研ぎ澄まして、「瞬間」(the moment) に「飛び込んだ」(plunged) ことがわかります。ウルフは、「瞬間」に注目した作家としても知られています (Lesson 6「コラム」参照)。ダロウェイ夫人が、セプティマスの死を知って、彼を思う場面でも plunged が用いられ (had he plunged holding his treasure?)、使用回数は少ないものの、この単語は『ダロウェイ夫人』のキーワードの一つになっています。

Lesson 9

女性たちと針仕事

　蚤の市 (flea market) が好きで、機会があると立ち寄ります。古い
お皿やカップ、アクセサリーなどを見て回ると、裁縫道具を見つける
ことがあります。陶器でできた指ぬき、銀製の針山、精巧な細工が施
された糸切りばさみが目を引きます。大切に使われたであろうこれら
を手に取ると、どの時代に、どこの誰が使っていたのだろうと思います。
　ダロウェイ夫人は、パーティー当日も針仕事に余念がありません。
久しぶりに会ったピーターと思い出話をしながら、今晩のパーティー
で着る自分のドレスに手を入れています。文学作品の中で裁縫をする
のは、もっぱら女性です。フォースターの『眺めのいい部屋』の主人公
ルーシーは、イタリアで自由を手に入れ、ジョージという男性と結ば
れたにもかかわらず、最終場面では部屋の窓辺で靴下を繕おうとして
います。『高慢と偏見』では、エリザベスが「裁縫」(needlework) を広
げて、手紙を書くダーシーをかたわらで見守り、『ジェイン・エア』で
は、家庭教師になったのちもジェインが裁縫をしています。『嵐が丘』
や『ダーバヴィル家のテス』でも、女性が針仕事をする場面がありま
す。このような傾向はイギリス文学にとどまらず、アメリカの作家で
あるルイーザ・メイ・オルコット作『若草物語』(*Little Women*, 1868-
69)、カナダの作家L.M.モンゴメリの『赤毛のアン』(*Anne of Green*

Gables, 1908）でも、針仕事の場面が描かれています。後者では、主人公のアンがパッチワークは好きではないとこぼしているのです。

　いったい、なぜ女性たちが針仕事をする場面が繰り返し描かれるのでしょうか。「家庭の天使（Angel in the House）」という言葉があります。もとはと言えばイギリスの詩人コヴェントリー・パットモアが1854年に発表した詩に由来していますが、アメリカやイギリスで大きな影響力を持ちました。ごく簡単に言えば、女性は良き妻、母であるべきであり、家庭を守ることが当然であると考えられていたのです。日本には「良妻賢母」という言葉があります。そういえば、古い時代設定のドラマや時代劇に出てくる女性たちは、よく針仕事をしています。むやみに外に出ず、家の中の仕事を丁寧にこなし、家族のために尽くすというイメージが、裁縫には埋め込まれているのでしょうか。

　ウルフも「家庭の天使」と無関係ではなく、当時の女性たちが置かれていた立場や女たちの職業について、講演で話したり、エッセイを書いたりしました。1929年出版のエッセイ集『自分だけの部屋』（*A Room of One's Own*）で、女性が小説や詩を書こうとするならば、年に500ポンドの収入と鍵のかかる部屋が必要だと説きました。1931年に行った講演をもとに執筆した「女性の職業」（'Professions for

Lesson 9

Women')では、長年「家庭の天使」の影に苦しめられたことを明かし、天使を殺したと述べています。そして、努力の末に自分だけの部屋と年収500ポンドを確保しても、女性の自立への一歩に過ぎないと述べています。

　現代日本では、「家庭科」の一環として小学生が男女を問わず裁縫をしています。先日訪れた小学校では、子どもたちがエプロンを縫っていて、みんなが自作のエプロンを着けて料理をする姿が思い浮かびました。NHKのEテレでも放送された『ソーイング・ビー』（The Great British Sewing Bee）というBBCの番組では、イギリス全土から裁縫自慢が集まり、その腕を競っていました。男性参加者も多く見られ、裁縫は女性だけのものというイメージはありません。いまや、裁縫は女性だけの仕事と決めつけることは時代遅れだと思うと、子どもが幼い頃上履き袋を四苦八苦して縫った私は、少しホッとするのです。

（髙橋和子）

Lesson 1
Lesson 2
Lesson 3
Lesson 4
Lesson 5
Lesson 6
Lesson 7
Lesson 8
Lesson 9
Lesson 10

Lesson
10

カズオ・イシグロ

『日の名残り』

Kazuo Ishiguro

The Remains of the Day

Indeed—why should I not admit it?— at that moment, my heart was breaking.

それどころか——認めないわけにはいきますまい——
そのとき、私は胸が張り裂けそうになっていたのでございます。

カズオ・イシグロ

『日の名残り』(1989年)

Kazuo Ishiguro

The Remains of the Day

Faber & Faber

日系イギリス人作家が書いた、古き良きイギリスの「執事」の物語。
イシグロはこの傑作によってブッカー賞を受賞し、のちのノーベル文学賞
受賞に向けて大きく飛躍していくことになります。彼が描く執事の振る舞い
は、どことなく日本的な職業倫理や価値観を反映しているように感じられ
ます。

カズオ・イシグロ (1954-) は、その名前からもうかがえると
おり、日系イギリス人作家です。1954年に長崎で生まれ、5
歳のとき、父親の仕事の都合で渡英、グラマー・スクール
を卒業後、カンタベリーのケント大学で学びました。さら
に社会福祉事業に従事したのち、イースト・アングリア大学大学院に入学
し、小説家・批評家マルコム・ブラッドベリーの指導のもとで文芸創作
(creative writing) を勉強しました。1983年にイギリス国籍を取得、イギリ
ス人作家として現在も文壇の第一線で活躍しています。

　処女小説『遠い山なみの光』(*A Pale View of Hills*, 1982) は、過去の幻影
に悩まされる女性の物語。主人公はイギリス在住の日本人女性エツコです
が、物語の大部分は、戦後間もない頃の長崎での出来事を中心に展開しま

す。二作目の『浮世の画家』（*An Artist of the Floating World*, 1986）もまた戦後の日本が舞台になっています。主人公のオノ・マスジは、いまや老人となって平凡な日々を送りながらも、かつて創作活動において軍国主義に加担した過去の重圧に苦しめられています。そして三作目が、イシグロの代表作と言ってもいいブッカー賞（毎年、イギリス、アイルランド、およびイギリス連邦でその年に出版された長編小説の中の最優秀作に与えられる、世界的に権威ある文学賞の一つ。現在、選考対象作品は、英語で書かれた長編小説に拡大されている）受賞作『日の名残り』です。第四作『充たされざる者』（*The Unconsoled*, 1995）は、中央ヨーロッパの町に招かれたピアニストをめぐる不条理な物語、第五作『わたしたちが孤児だったころ』（*When We Were Orphans*, 2000）は、上海とイギリスを舞台とするミステリーです。続く長編第六作『わたしを離さないで』（*Never Let Me Go*, 2005）は、ある施設で育ったクローンたちを描いた小説で、ふたたびブッカー賞の最終候補に残りましたが、二度目の受賞はなりませんでした。長編第七作は、アーサー王伝説に材を採ったファンタジー小説『忘れられた巨人』（*The Buried Giant*, 2015）で、同書を発表した2年後、文学界における大いなる功績が認められ、ノーベル文学賞を受賞しました。受賞後の最新作『クララとお日さま』（*Klara and the Sun*, 2021）は、人工知能を搭載した人造人間（アンドロイド）の物語です。

　イシグロは、映画界にも大きな貢献をしています。『日の名残り』と『わたしを離さないで』は映画化されましたし、2022年には、黒澤明の『生きる』を彼がイギリスを舞台に書き直した『生きるLIVING』が公開され、大きな話題となりました。イシグロは、いまやイギリスを代表する小説家とはいえ、自らの出自と文化的アイデンティティを忘れてはいません。

面白いことに、小説においてはきわめて多様な主題を扱いながら、イシグロは、頑固なまでに同じ語りの手法を使い続けています。一人称を明示した「私」の語りです。大学院で専門的に文芸創作を学んだ作家であれば、さまざまな語りの技法を駆使し、主題の多様性に語りの多様性を掛け合わせて、きわめて彩り豊かな作品世界を作り出すこともできるのではないかと考えてしまいます。ところが、よくよく彼の小説を読んでみると、語り方そのものがイシグロ小説の物語の原動力であることがわかります。それどころか、語り方を活かすために物語の設定があるのではないかとすら思うことがあります。とくに『日の名残り』の場合、執事スティーヴンズの語りと、それによって伝えられるほかの登場人物の反応が食い違うことが、微妙な緊張感を伴って物語の重層性を作り上げる仕掛けとなっています。本レッスンの名場面は物語のクライマックスの場面を描いており、ここに至って、語りと現実の食い違いが解消されます。

全体のあらすじと名場面

　『日の名残り』は、ダーリントン・ホールというイギリスの大邸宅で働く老執事の物語です。イギリスの外交に力のあったもとの主人ダーリントン卿亡きあと、屋敷はアメリカ人の所有となり、主人公兼語り手のスティーヴンズは、主人のアメリカ的な振る舞いにやや戸惑いを感じながらも、執事たることに誇りを持って働き続けます。昔と違って使用人の数も少ない状況で屋敷の運営に苦労していた彼は、一通の手紙を受け取ります。差出人は、昔、屋敷で女中頭として働いていたケントン嬢。彼女は結婚後退職し、現在はベン夫人としてイギリス南西部の町で生活をしているのですが、手紙の内容から察するに

（少なくともスティーヴンズの語りを信じるかぎり）どうもダーリントン・ホールに帰ってきたがっているようです。折しもスティーヴンズは、アメリカに一時帰国する主人から休暇をもらって屋敷の外に出る機会を得ます。そこで彼は、旅行を兼ねてケントン嬢（＝ベン夫人）に会いに行き、彼女の意向を確認した上で屋敷に呼び戻そうと考えます。

　物語は、スティーヴンズの自動車旅行の最中に起こるさまざまな出来事と、1920〜30年代に屋敷で起こったことに関する彼の回想の二つのレベルから構成されています。スティーヴンズは、品格（dignity）を重んじる執事の仕事について、同じく執事をしていた自分の父親について、ケントン嬢について、そして親独派の外交家として図らずもナチス・ドイツに利用されてしまったダーリントン卿について、独特の執事言葉で淡々と語っていくのですが、読者は、その語りのそこここに散見する矛盾から彼の葛藤を垣間見ることになります。そして、自動車旅行の本当の意図が、かつてひそかに思いを寄せたケントン嬢との再会にあるのではないかと疑うことになるのです。

《 名場面 》

引用箇所は、ホテルの喫茶室で再会を果たしたスティーヴンズとベン夫人が、ホテルを出たあと、バスの簡易待合所で交わした会話の様子を描いています。ベン夫人が自分と生活をともにする可能性を考えていたことを知り、スティーヴンズは心を乱されます。

ケントンさんは、またしばらく黙り込みました。それから、このように続けたのでございます。

「もちろん、だからといって、時々——とても寂しいときなど——まったく考えないわけではありません。『なんという間違った生き方をしてしまったのか』って。そして違う生き方が、もしかしたらもっといい生き方ができたかもしれないと考えてしまうんです。例えば、スティーヴンズさん、あなたと一緒に生きていたらどうだったろう、なんて考えてしまうんですのよ。おそらくは、つまらないことで腹を立てて家を出たときとかにね。でも、そのたびに、しばらくして気がつきますの——私がいるべき場所は主人のそばだって。結局のところ、いまさら時計を巻き戻すなんてできませんもの。あのとき、もしかしたら、なんて永遠に考えているわけにはいきませんわ。人並みの人生を、さらにもっといい人生を手に入れていたのかもしれないことに気づいて、感謝をしなければいけません」

私はすぐに言葉を返すことができなかったように思います。というのも、ケントンさんの言葉を完全に理解するのにしばらく時間がかかったからです。さらには、お気づきかもわかりませんが、その意味するところは、私の心の中にそれなりの悲しみを引き起こすほどのものでした。それどころか——認めないわけにはいきますまい——そのとき、私は胸が張り裂けそうになっていたのでございます。それでも、しばらくして私は彼女のほうを向き、明るい顔で答えました。

「ベンさん、そのとおり。おっしゃるとおり、いまさら時計を巻き戻すこ

とはできません。それどころか、そんなことを考えてご主人ともども不幸になっていらっしゃるんだとしたら、私は夜も眠れませんよ。おっしゃるとおり、みんな、今手に入れているものに感謝しなくてはいけません。お伺いするかぎり、ベンさん、お幸せそうじゃありませんか。それどころか、言わせていただければ、ご主人も退職間近、お孫さんも生まれるとなれば、ご夫婦ともども前途洋々ではないですか。馬鹿な考えを起こして、せっかくの幸せな生活を台無しにしてしまってはいけません」

「そのとおりですわ、スティーヴンズさん。ありがとうございます」

「あ、ベンさん、どうやらバスが来たようですよ」

私は外に出て合図をし、ケントンさんは立ち上がって待合所の端のところまで来ました。バスが停車したときにはじめてケントンさんの顔を見て、その目に涙があふれていることに気づきました。私は微笑んでこう言いました。

「さあ、ベンさん、お気をつけて。みんな、夫婦にとって退職が人生で一番いいときだと言いますよ。これからの年月をご自身とご主人にとって幸せなものにするため、頑張ってください。ベンさん、二度とお会いできないかもしれませんから、私の話を心によく留め置いてくださいね」

「ええ、スティーヴンズさん、ありがとうございます。それから、車で送ってくださってありがとうございます。本当に、ご親切にどうも。久しぶりにお目にかかれて何よりでした」

「再会できてとてもよかった、ベンさん」

（六日目、夕刻、ウェイマスにて）

iss Kenton fell silent again for a moment. Then she went on:

'But that doesn't mean to say, of course, there aren't occasions now and then—extremely desolate occasions—when you think to yourself: "What a terrible mistake I've made with my life." And you get to thinking about a different life, a *better* life you might have had. For instance, I get to thinking about a life I may have had with you, Mr Stevens. And I suppose that's when I get angry over some trivial little thing and leave. But each time I do so, I realize before long—my rightful place is with my husband. After all, there's no turning back the clock now. One can't be forever dwelling on what might have been. One should realize one has as good as most, perhaps better, and be grateful.'

I do not think I responded immediately, for it took me a

Words & Phrases

desolate: わびしい、寂しい　**trivial**: 些細な、たあいもない
rightful: 正しい、当然の
no ...ing:「…することはできない」。この場合の-ing形は動名詞
be dwelling on ... :「…についてくよくよ考えている」。dwellは本来「〜に住む、とどまる」の意だが、dwell on ...で比喩的に「…についてくよくよ考える、くどくど話す」を意味する慣用句となっている。なお、引用文中のdwellingは現在分詞
grateful: 感謝している

moment or two to fully digest these words of Miss Kenton. Moreover, as you might appreciate, their implications were such as to provoke a certain degree of sorrow within me. Indeed—why should I not admit it?—at that moment, my heart was breaking. Before long, however, I turned to her and said with a smile:

'You're very correct, Mrs Benn. As you say, it is too late to turn back the clock. Indeed, I would not be able to rest if I thought such ideas were the cause of unhappiness for you and your husband. We must each of us, as you point out, be grateful for what we *do* have. And from what you tell me, Mrs Benn, you have reason to be contented. In fact, I would venture, what with Mr Benn retiring, and with grandchildren on the way, that you and Mr Benn have some extremely happy years before you. You really mustn't let any more foolish ideas come between yourself and the happiness

implication(s): 含意、言外の意味
provoke: (感情などを) 引き起こす
contented: 満足している
venture: 思い切って言う
what with ... and (what) with ~ : …やら～やら (の理由) で
on the way: (子どもが) できて、お腹にいて

you deserve.'

'Of course, you're right, Mr Stevens. You're so kind.'

'Ah, Mrs Benn, that appears to be the bus coming now.'

I stepped outside and signalled, while Miss Kenton rose and came to the edge of the shelter. Only as the bus pulled up did I glance at Miss Kenton and perceive that her eyes had filled with tears. I smiled and said:

'Now, Mrs Benn, you must take good care of yourself. Many say retirement is the best part of life for a married couple. You must do all you can to make these years happy ones for yourself and your husband. We may never meet again, Mrs Benn, so I would ask you to take good heed of what I am saying.'

'I will, Mr Stevens, thank you. And thank you for the lift. It was so very kind of you. It was so nice to see you again.'

'It was a great pleasure to see you again, Mrs Benn.'

(DAY SIX, EVENING, Weymouth)

Words & Phrases

shelter: (バスなどの) 待合所
pulled up: (車が) 止まった
perceive: 認める、見て取る
take (good) heed of ... : …に (よく) 留意する、気をつける

名場面

◆ 語 法・文 法 解 説 ◆

スティーヴンズとベン夫人の会話の中では、起こり得なかった過去の出来事に関する反実仮想の表現が多用されています。この表現が、同僚として働いていた時代の二人の微妙な関係を暗示しています。

1

But that doesn't mean to say, of course, there aren't occasions now and then—extremely desolate occasions—when you think to yourself: "What a terrible mistake I've made with my life."

{ 解説 } この台詞の直前、ベン夫人は、結婚当初は好きでなかった自分の夫のことをようやく愛せるようになったと語っています。それを受けての**逆接のBut**です。

　夫をようやく愛せるようにはなったとはいえ、だからといってthat doesn't mean to say ...「…と言うつもりはありません」。sayの目的語に当たる部分は、of course「もちろん」を飛ばして、there aren't occasions now and then「時々（そのような）ときがない」と言うつもりはない、つまり、時々（そのような）ときがある、ということですね。ここでのoccasionsとダッシュにはさまれたextremely desolate occasions「とても寂しいとき」は同格です。そして、どういうoccasions「とき」かを説明するのが、when以下の関係副詞節です。you think to yourself「自分自身で考える、独りで考える」とき、と前にかかります。どのように考えるかが二重引用符（double quotation marks）で囲まれた感嘆文What a terrible mistake I've made with my life、直訳すると「私の人生に対して、なんという恐ろしい間違いを犯してしまったか」となります。つまり、夫を愛しているとはいえ、そんな風に考えてしまうときがある、ということです。

　ここでの**句読法**にも触れておきましょう。最後に二重引用符が使用され

Lesson 10

ているのは、一重引用符で示された**台詞中の「思考」の引用**だからです。イギリス英語では、引用を示す際にまず一重引用符が用いられ、その中にさらに引用がある場合には、そこで二重引用符が用いられます。アメリカ英語では、その順番が逆になります。もちろん、このイギリス英語とアメリカ英語の句読法の違いは絶対的なものではなく、作家や版によってはこの法則が当てはまらない場合もあります。例えば、本書Lesson 6の『闇の奥』の原文では、最初の引用符が二重引用符になっています。

　また、「名場面」として引用した部分では**コロン (:) が使用されています**が、これは**何か具体的なものを示すときに用いられる記号**で、具体的な台詞や思考を導くときにもよく用いられます。**接続詞的に節や句を区切るセミコロン (;) とは使い方が違う**ので、注意してください。

---

2 I get to thinking about a life I may have had with you

{ 解説 }　get to ...ingは、「…しはじめる、…するようになる」を意味する表現ですから、前半部は「人生について考えるようになる／考えはじめる」という意味になります。それで、どのような人生かというと、a life I may have had with you、直訳すると「あなたと共有し得たかもしれない（が実際には共有しなかった）人生」となります。a lifeのあとに関係代名詞whichが省略されていると考えてもいいですし、最近の学校文法の枠組みを用いれば、I may have had with youの部分を後置修飾の接触節と説明することもできます。

　文法的な説明は以上ですが、ベン夫人のこの言葉は、彼女がスティーヴンズとの結婚の可能性も考えていたことを暗示するものであり、執事としての禁欲的な振る舞いのゆえに、独身時代の彼女に思いを寄せながら、あ

たらその実現に向けて何もしなかった**彼の大いなる後悔**につながっていきます。名場面の地の文中で、**夫人をずっと独身時代の名前**（Miss Kenton）**で指示し続けているところ**にも、彼の心理が表れているようです。

3 One can't be forever dwelling on what might have been.

{ 解説 } dwell on ... は、Words & Phrasesのところにも記したとおり、「…に住む、とどまる」から転じて「…についてくよくよ考える、くどくど話す」の意味になります。ふとした瞬間に別の生き方があったと考えてみても、forever「いつまでも、永遠に」くよくよ考えているわけにはいかない、と言っているのです。文頭の**One**は**総称的**に「**人**」を表しています。それで、何についてくよくよ考えるかというと、what might have been、直訳すると「あったかもしれない（が現実にはあり得なかった）もの／こと」という**反実仮想の内容**です。might have ＋過去分詞が、反実仮想を表す仮定法過去完了の帰結節でよく用いられる形であることにも注意してください。

4 One should realize one has as good as most, perhaps better, and be grateful.

{ 解説 } 文法的にはすっきり説明できないのですが、このまま読んでもわかりづらいので、解説を試みます。

全体の構造は、One should realize ... and be grateful「…を知って、感謝すべきだ」となりますが、問題はrealizeの目的語の位置にある名詞節です。one has as good as most, perhaps betterは、このままでは不完全です。ここまでのところでケントン嬢（＝ベン夫人）がずっと自分の life「人生」の

Lesson 10

話をしてきたことを考えると、one has as good (a life) as most (people do), perhaps (a) better (life than they do)（直訳すれば、「ほとんどの人たちが手にしていたのと同じくらいいい人生、おそらくはその人たちが手にしたものよりもいい人生」）と語句を補って読むのが一番自然であるように思われます。ただし、この不完全な文法でイシグロが何を伝えようとしたのか、残念ながら断定する手がかりはありません。

5 for it took me a moment or two to fully digest these words of Miss Kenton

{ 解説 }　最初のforは前置詞ではなく、**等位接続詞**です。文語で用いられることが多く、口語では従属接続詞のbecauseで代用される傾向があるため、その正しい使い方を知らない人も多いので、簡単に解説しておきましょう。明治末から大正時代にかけて活躍した英語学者斎藤秀三郎の『実用英文典』という本に載っている例文がわかりやすいので、それを拝借します。

> **A.** The river has risen, because it has rained much of late.
> 「川の水位が上がっているのは、最近雨が降ったからである」

> **B.** It must have rained much of late, for the river is so high.
> 「最近雨が降ったに違いない。というのも、川の水位がとても高いから」

例文**A**では、雨が降ったことと川の水位が上がったこととの間にある**明確な物理的因果関係**がbecauseによって表されています。一方、例文**B**を見てみると、水位が高いから雨が降ったわけではなく、「最近雨が降ったに

違いない」との**判断の根拠**が後半に書かれているのです。

　ここで『日の名残り』の当該部分を見てみると、直前でI do not think I responded immediately「私はすぐに言葉を返すことができなかったように思います」と言っています。一見すると、ケントンさんの言葉の意味するところがわからなかったことは、すぐに言葉を返すことができなかったことの明確な原因のようですが、主節冒頭のI do not thinkを忘れてはいけません。ケントンさんの言葉の意味するところがわからなかったことは、すぐに言葉を返すことができなかったように「思う」原因ではなく、そのように思う根拠がfor以下なのです。

　等位接続詞のforを辞書で引くと、「というのも、なぜならば」というような和訳とともに説明されていることが多いため、先述のとおりbecauseと混同されがちですが、使い方が違います。とくに**イシグロの小説にはこのforがよく出てきます**ので、この機会にしっかりと覚えておいてください。

6　their implications were such as to provoke a certain degree of sorrow within me

{ 解説 }　冒頭のtheirは、前文のthese words of Miss Kentonを受けています。ケントンさんの言葉のimplications「含意、言外の意味、暗に意味していること」という意味ですね。それが、such「そのようなもの」（代名詞）であった、ということです。どのようなものであったかというと、as to provoke ...「…を引き起こすほどのもの」であった、となります。類似の表現に「**such ... that ~の構文**」があります。原文を書き換えれば、their implications were such that they provoked ...という形になります。

you have reason to be contented

{ 解説 } 構文自体は難しくはありませんが、この have reason to ... 「…する **もっともな理由がある**」という慣用表現を覚えてもらいたいので、ここに挙げておきます。この表現を強調するために、reasonの前にeveryやgoodという形容詞をつけることもあります。

8

In fact, I would venture, what with Mr Benn retiring, and with grandchildren on the way, that you and Mr Benn have some extremely happy years before you.

{ 解説 } 冒頭のIn factは、名場面中に現れる二つのIndeed同様、前言をさらに強調する「それどころか」の意味で使われています。それに続く構文は、次のようになっています。

I would venture
「あえて言わせて
いただくと」

that you and Mr Benn have some
extremely happy years before you
「あなたとベンさんは、目の前に
とても幸せな年月があります」

what with Mr Benn retiring,
「ベンさんのご退職やら、」

and

(what) with grandchildren on the way,
「お孫さんが生まれてくることもあり」

9 Only as the bus pulled up did I glance at Miss Kenton and perceive that her eyes had filled with tears.

〔解説〕 冒頭部に**強調のための倒置**が現れます。それを解説するために、まずはOnlyを除いてこの文を普通の語順に書き直しましょう。すると、As the bus pulled up I glanced at Miss Kenton and perceived that her eyes had filled with tears「バスが止まったとき、私はケントンさんの顔を見て、その目に涙があふれていることに気づきました」となります。スティーヴンズが彼女の顔を見たとき、すでにその目に涙があふれていたので、最後の部分に**過去完了が用いられている**ことにも注意してください。

　さて、「（〜したときに）やっと」の意味のOnlyを文頭に置いてOnly as the bus pulled upとしてみます。するとonlyが強調されて主節に倒置が起こり、助動詞のdidが前に出ますから、glancedとperceivedがそれぞれglance、perceiveとなります。

10 You must do all you can to make these years happy ones for yourself and your husband.

〔解説〕 do all one canは「できるかぎりのことをする、全力を尽くす」の意の慣用表現。それで、全力を尽くして何をするかがto以下です。make＋目的語＋補語は、目的語を「〜にする」の意味であり、ここでの**onesはyearsを言い換えたもの**ですから、these years「これからの年々」をhappy years「幸せな年々」にするべく全力を尽くさなくていけない、と論じているのです。誰のためにそうするのかといえば、もちろんfor yourself and your husband「あなた自身とご主人のため」となります。

Lesson 10

247

Indeed—why should I not admit it?—at that moment, my heart was breaking.

それどころか──認めないわけにはいきますまい──
そのとき、私は胸が張り裂けそうになっていたのでございます。

『日の名残り』の特徴の一つは、最初から最後までスティーヴンズが語り手をつとめながら、**彼が本当のことを言っていないことが読者に伝わるような仕掛けが物語の随所に張りめぐらされている**ことです。古くはヘンリー・ジェイムズの『ねじの回転』(*The Turn of the Screw*, 1898) にも、描写の信憑性を疑いたくなる語りが現れますが、その語りをさらに進化させ、いわゆる「**信用できない語り手 (unreliable narrator)**」を登場させたところにイシグロの語りの新しさがあります。

例えば、やはりダーリントン・ホールに勤務する父親が国際会議の最中に卒中で倒れて危篤状態に陥った際、スティーヴンズは、地の文における本人の語りを信用するかぎり、平然と働き続けているようですが、二人の登場人物からAre you all right?「大丈夫か?」と声をかけられます。そしてその会話描写から、彼がじつは父親の容体を気にして、尋常ではない様子で働いていることが明らかになります。

あるいは、また別の大きな催しが屋敷で開催された際、当日休暇を申請していたケントン嬢は、ベン氏から求婚されたこと、まだ決心は固まっていないもののこれから彼に会いに行く旨をスティーヴンズに伝えます。スティーヴンズは、(またしても本人の語りを信じるかぎり) 平然と応対しているように読めますが、彼女の台詞から、どうやら彼が落ち着かない様子で彼女の部屋の外でバタバタと動き回っているらしいことが暗示されます。

このように、**スティーヴンズの語りと現実 (らしきもの) とのズレ**が、微妙

な緊張感として物語全体を貫いています。そしてそのズレが唯一解消されるのが引用文に描かれた場面です。ケントンさんが自分との結婚を考えていたことを知ったスティーヴンズが、自分の心の乱れを認めることになるのです。

Indeed

「語法・文法解説」のところにも書いたとおり、In fact同様、この語は、前言をさらに強調して「**それどころか**」の意味になることがあります。indeedやin factが出てきたら、自動的に「実際、実のところ」というような日本語に置き換えてしまっている方はご注意ください。

why should I not admit it?

I should not admit it「私はそれを認めるべきではない」という平叙文の理由を問うている形ですが、「なぜ認めるべきではないのか→いや、認めるべきである」という**反語的な意味**を持っています。疑問詞を用いた典型的な反語をいくつか挙げておきます。

例 Who knows?「誰が知っていようか→知らないよ」
Why should I be called by the headmaster?
「なんで校長に呼ばれなくちゃいけないんだ？→呼ばれるいわれはない」
Why don't we ...?「私たちはなぜ…しないのか？→…しましょうよ」

my heart was breaking

意味的には難しくはないと思いますが、my heartが主語なので、ここでのbreakingは自動詞の現在分詞形です。一方、She/He broke my heartのような形では、brokeは他動詞の過去形となります。関連語彙として、heartbreak「(胸が張り裂けるほどの) 悲しみ、悲痛」(名詞)、broken heart「失意、傷心、失恋」(この場合のbrokenは過去分詞の形容詞用法) などがあります。

Lesson 10

イギリスでの執事修業

　私は、『日の名残り』が大好きなので、今まで何度も英語教材として取り上げてきました。放送大学の『英語IV——Cultural Crossroads』（2003-06年）という授業でもこの作品に触れましたが、放送授業を作るためのイギリス・ロケの際には、そもそも執事なる職業がどのようなものかを知りたいと思って、執事学校の訓練コースに半日だけ体験入学しました。本来は接客業に携わってきた人たちが個人の家の執事になるための課程なので、私のようなずぶの素人が参加してはいけないのですが、ロケの一環ということで特別に体験入学を許されました。ただし、手加減はしてくれません。

　執事学校の校長と十人ほどの生徒が役回りを変えて接客や事務処理の練習をするのですが、私が参加した日の課題は食事会での接客でした。まず苦労したのは、その食事会のために仮に設定された名前と肩書きを覚えること。私のように物忘れが激しい人間は、人の名前を覚えるだけでもひと苦労なのに、さらにその肩書きを正確に覚えなくてはならないのです。

　英語の勉強として言っておけば、国王や君主、あるいはその配偶者に呼びかけるときはYour Majesty「陛下」と言い、相手が皇族であればYour (Royal) Highness「殿下」、高官（夫人）、公爵（夫人）、そのほか

の貴族であればYour Excellency、Your Grace、My Lordship（Ladyship）
「閣下（夫人）」などとなります。それぞれ三人称（単数）で言及する場
合には、Yourの部分を性別に合わせてHis（Her）に変えるのです。さ
らに、Sir誰々、Lady誰々などと名前をつけて呼ばなければならない
場合もあり、じつにややこしい。イギリス人の撮影スタッフは、冷や
かし半分に「応対に困ったら、'Very good, sir (my Lady)' とか言って
お辞儀でもしてりゃいい」と勝手なことを言っていましたが、こちら
はそれどころではありません。

　さすがにこのときの食事会の席に「陛下」や「殿下」はいませんでし
たが、校長と三人の生徒が演じるのは、それぞれ肩書きの違う客人で
す。そこに大きな銀皿に盛られた鶏肉料理を運ぶのが私の最初の大き
な仕事となりました。教えられたとおりに皿を水平に持ち、客人のそ
ばまで行ったら少し腰を落とし、椅子に座っていても料理が取れる位
置に皿を持っていきます。まず一人目はクリア。次に待ち構えている
のは、家の主人に扮した校長です。緊張しながら皿を低くし、校長が
料理を自分の皿に運んだところでほっと安堵の胸をなで下ろしたのも
束の間、予期しなかった質問が飛んできました。'Where did this
chicken come from, Saito?'「斎藤、この鶏肉はどこ産だ？」これには

参りました。鶏肉の産地など調べもしなかったし、考えたこともありません。今思うに「日本産です」とでもおどけておけばよかったのかもしれませんが、頭が真っ白になった私は、およそ執事にあるまじき「申し訳ありません、存じません」という答えを返してすごすごと引き下がってしまいました。ほかの二人の「客人」とどういうやり取りをしたか、そのあと何を運んだのかはもはや覚えていません。

　食事会ののち反省会があり、生徒たちはそれぞれに細かい技術的な指導を受けていました。私はここでは客人として扱われたらしく、給仕の仕方が graceful「上品」であったとのお世辞を頂戴しましたが、内心、執事修業の厳しさを痛感していました。

　イシグロは、『日の名残り』以前にも、その着想のもとになったとおぼしきテレビドラマ（'A Profile of Arthur J. Mason', 1984）の脚本を書いていますが、その主人公たるイギリス人執事もじつに真に迫ったものです。イシグロは日本で生まれながら、なぜそこまで迫真力のある筆致でイギリス人執事を描くことができたのでしょうか。もし彼が実際に執事修業を体験してからそのような仕事を手がけていたのだとしたら、それだけでも賞賛に値します。

（斎藤兆史）

おわりに

　私が本書に収められた作品をはじめて読んだのは、大学生の頃でした。当時読んだペーパーバックを捜し出して、セピア色に変色したページをめくっていくと、わからない単語の意味や感想が書いてあったり、色鉛筆で線が引いてあったりしました。以前の私は、たくさん登場人物が出てくる作品を読むと誰が誰だかわからなくなり、人物ごとに色を変えて印象に残る台詞や行動に下線を引いていたことを思い出しました。大学生の頃は、比較的若い登場人物に興味があったようで、『インドへの道』ならばアデラ、『ダロウェイ夫人』ならばエリザベス（夫人の娘）に対する書き込みが多く見られました。そして今の私は、ムア夫人やダロウェイ夫人に共感を覚えながら作品を読んでいることに気づきました。『インドへの道』や『ダロウェイ夫人』をはじめて読んだ私を通して、今の私を振り返ることができたと感じます。本書で取り上げたほかの作家や作品に改めて向き合ってみると、女性の作家や登場人物に共感を覚えていることもわかりました。世代を超えて読み継がれる名作は、作者と読者が対話をする場であるとともに、読者が自分自身と対話を重ねる場でもあると思います。心に残る作品は、たとえ普段は忘れていたとしても、ふと思い出して立ち返ることができるのです。

　いまや、英語を学ぶための方法は多岐にわたります。インターネット上には英語の動画があふれ、英語で書かれた情報を簡単に読めるようになり

ました。SNSを用いれば時空を超えて英語でやり取りをすることも容易です。テキストのデジタル化が進み、タブレットで辞書機能を使いながら英文を読むこともできます。英語を学習する上でとても便利な時代になりましたが、学びの選択肢が広がった一方で、私たちは自分に合った教材や学習方法を選び取る必要があります。ネット上にあふれる英語やデジタルテキストに触れるとき、私はその便利さに恩恵を被りながらも、単に英語を消費しているように感じるときがあります。もっと英語と丁寧に向き合いたいのに、あふれる情報を目の前にすると、せかされるように英語を斜め読みしてしまいます。その一方で本書に掲載したような今も読み継がれる傑作の英文は、単に消費する英語ではなく、読み手の英語力を鍛え、何よりも心に残ります。英語の達人と呼ばれる先人たちの多くが、文学作品を丁寧に読み解くことを通して英語の学習に励んだことは、共著者の斎藤氏が明らかにしている通りです。

　本書を手に取ってくださった皆さんが、ページをゆっくりめくりながら英語を楽しんで学習してくださったら、そして本書のいずれかの作品がいつの日か立ち返りたくなる場になったら、著者の一人としてこんなに光栄なことはありません。

髙橋和子

著者

....

斎藤兆史　Saito Yoshifumi
東京大学名誉教授

東京大学文学部卒業、同大学院人文科学研究科修士課程修了。インディアナ大学英文科修士課程修了。ノッティンガム大学英文科博士課程修了 (Ph.D.)。東京大学文学部助手、同大学院総合文化研究科准教授・教授、同大学院教育学研究科教授、同大学教育学部附属中等教育学校長を歴任。
著書に『英語達人列伝』(中央公論新社)、『英語の作法』(東京大学出版会)、『英文法の論理』(NHK出版)、訳書にラドヤード・キプリング『少年キム』(筑摩書房)、共訳にチャールズ・ディケンズ『オリバー・ツイスト』(偕成社) などがある。

....

髙橋和子　Takahashi Kazuko
明星大学教育学部教授

東京女子大学文理学部卒業、銀行勤務を経て、お茶の水女子大学大学院人文科学研究科修士課程、同大学院人間文化研究科博士課程単位取得満期退学。西南学院大学文学部英文学科専任講師、助教授を経て退職。東京大学大学院総合文化研究科修士課程、同博士課程修了。博士 (学術)。
著書に『日本の英語教育における文学教材の可能性』(ひつじ書房) などがある。

....

装丁・本文デザイン・挿画　atelier yamaguchi
作家似顔絵　斎藤兆史
校正　酒井清一
DTP　滝川裕子

名場面の英語で味わう

イギリス小説の傑作
英文読解力をみがく10講

2024年3月15日　第1刷発行
2024年7月15日　第2刷発行

著者　斎藤兆史　高橋和子
　　　©2024 Saito Yoshifumi／Takahashi Kazuko

発行者　江口貴之

発行所　NHK出版
　　　　〒150-0042 東京都渋谷区宇田川町10-3
　　　　電話　0570-009-321（問い合わせ）
　　　　　　　0570-000-321（注文）
　　　　ホームページ　https://www.nhk-book.co.jp

印刷・製本　TOPPANクロレ

Printed in Japan
ISBN978-4-14-035186-4　C0082